marmiton

TOP
light

Les 200 meilleures recettes

playBac

Introduction

Léger = gourmand !

Vous ne pensez pas que ce soit possible ?
Eh bien, on vous en fait la promesse. Toutes les recettes contenues dans ce livre sont non seulement délicieuses, mais aussi légères à souhait.

Attention, loin de nous l'idée de parler de régime, de calories ou de produits allégés. Non, nous on vous parle de plaisir des papilles, de goût et d'estomac bien rempli.

Comment avons-nous fait ?
C'est simple : nous avons réuni ici les recettes les plus légères possible au regard des ingrédients qu'elles contiennent et du mode de cuisson. Par exemple, vous trouverez une épaule d'agneau, viande un peu grasse, oui, mais cuite à la vapeur !
Peu de matière grasse, pas ou peu de sucre mais toujours beaucoup de saveurs et de gourmandise ; car sur ce point, chez Marmiton, on ne transige pas. Le plaisir à table est essentiel :) !
Personne n'aura l'impression de manger plus léger, mais tout le monde sera unanime pour dire que c'est très bon.

Sur ce, on vous prévient, mettez un poids sur votre livre… il est tellement léger qu'il risquerait de s'envoler ;) !

L'équipe Marmiton

Sommaire

Rangez cacahuètes et feuilletés
qui plombent la légèreté de l'apéro.
Sortez les chips de légumes cuits au four,
les crackers poids plume croustillants à souhait,
le pop-corn de chou-fleur (à se damner, tellement
c'est bon), les verrines festives, les dips crémeux
à servir avec des crudités... et le tour est joué !
L'apéro tout en couleurs, aussi joli que bon,
c'est l'assurance de convives ravis...
qui auront encore faim pour le reste du repas... ;)

Apéros dînatoires
et petites entrées

Chips de légumes au four

RECETTE PROPOSÉE
PAR Coler

Facile
€ Bon marché

4 PERSONNES

- 1 betterave crue
- 1 panais
- 1 carotte
- Huile d'olive
- Épices ou herbes fraîches (facultatif)
- Sel

1 Préchauffez le four à 180 °C (th. 6).

2 Pelez et coupez les légumes en lamelles les plus fines et régulières possible. Vous pouvez utiliser un Économe ou une mandoline (si vous avez la chance d'en posséder une).

3 Étalez-les sur une plaque recouverte de papier sulfurisé ou une plaque en silicone.

4 Huilez les légumes à l'aide d'un pinceau. Parsemez éventuellement d'épices ou d'herbes ciselées et enfournez pour 12 à 15 min.

5 Sortez les chips du four. Laissez-les sécher, puis salez.

C'EST PRÊT !

ASTUCE
Remplacez le sel par du gomasio tout prêt ou fait maison (voir recette page 387).

PRÉPARATION
5 min

CUISSON
15 min

AVIS

“ Super facile et rapide ! Recette testée avec des carottes et des pommes de terre ! Parfait ! ”
Carine30

Crackers légers et craquants

RECETTE PROPOSÉE
PAR Marmiton

Très facile
€ Bon marché

4 PERSONNES

- 4 feuilles de wonton (pâte à raviolis chinois)
- 1/2 c. à café de curcuma
- 2 c. à soupe de graines de sésame
- 1 œuf

1 Préchauffez le four à 200 °C (th. 7).

2 Découpez des formes dans les feuilles de wonton avec des emporte-pièces. Badigeonnez-les de jaune d'œuf pour les aider à dorer, puis saupoudrez de graines de sésame.

3 Enfournez pour 5 min.

C'EST PRÊT !

AVIS

❝ Trop bon ! ❞

Romain2836

PRÉPARATION
5 min

CUISSON
5 min

Tuiles au potimarron

RECETTE PROPOSÉE
PAR Marmiton

Facile
€ Bon marché

15 tuiles

- 20 g de purée de potimarron
- 2 blancs d'œufs
- 40 g de beurre
- 40 g de farine

1 Préchauffez le four à 200 °C (th. 7).

2 Mélangez les blancs d'œufs avec le beurre fondu et la farine. Incorporez la purée de potimarron.

3 Sur une plaque recouverte de papier cuisson, déposez des cuillerées de préparation en les espaçant bien. Étalez la préparation finement pour obtenir des tuiles bien croustillantes.

4 Enfournez pour 10 min.

5 À la sortie du four, décollez délicatement les tuiles de la plaque et faites-les sécher sur un rouleau à pâtisserie pour leur donner une forme légèrement courbée.

C'EST PRÊT !

ASTUCE
Cette recette peut être réalisée avec toutes les purées de légumes : à vous les tuiles multicolores !

PRÉPARATION
15 min

CUISSON
10 min

AVIS

“ Super bon ! J'ai ajouté un peu de sel, de muscade et de curry pour relever le goût, mais sinon, cette recette est vraiment très bonne.”

Stephfr17

Pop-corn de chou-fleur

RECETTE PROPOSÉE
PAR Marmiton

Facile
€ Bon marché

4 PERSONNES

- 1 chou-fleur
- 3 c. à soupe d'huile d'olive
- 1 c. à café de paprika
- 1 ou 2 pincées de piment d'Espelette
- Sel et poivre

1 Préchauffez le four à 200 °C (th. 7).

2 Détaillez le chou-fleur en petits bouquets de la taille d'un gros pop-corn. Déposez-les sur une plaque recouverte de papier sulfurisé.

3 Versez l'huile et mélangez, puis saupoudrez de curcuma, salez et poivrez.

4 Enfournez pour 25 min environ, en remuant régulièrement.

5 Juste avant de servir, saupoudrez de piment d'Espelette.

C'EST PRÊT !

ASTUCE
Vous pouvez remplacer le paprika par d'autres épices (curcuma, curry, massalé, ras-el-hanout...).

PRÉPARATION
10 min

CUISSON
25 min

AVIS

“ Mélanger l'huile et les épices dans un saladier, ajouter le chou-fleur, bien mélanger, puis étaler sur la plaque du four. Cela permet d'utiliser moins d'huile et d'enduire tous les bouquets. ”
LEM696

Chips de chou kale

RECETTE PROPOSÉE PAR Celia_2

Facile
€ Bon marché

4-6 PERSONNES

- **1 botte de chou kale**
- **Huile d'olive**
- **Sel**

1 Préchauffez le four à 140 °C (th. 4-5).

2 Lavez et séchez le kale. Retirez les tiges et coupez (ou déchirez) les feuilles.

3 Mélangez les feuilles de kale avec un peu de sel et d'huile.

4 Enfournez pour 20 min, jusqu'à ce que les feuilles soient bien croustillantes.

C'EST PRÊT !

ASTUCE
Testez un mélange d'huile d'olive et d'huile de sésame.

PRÉPARATION
10 min

CUISSON
20 min

AVIS

“ Excellent, merci ! On peut aussi faire un très bon pesto avec ce même chou. ”

jmaret

Boulettes de carottes au cumin, sésame et pavot

RECETTE PROPOSÉE
PAR Marmiton

Facile
€ Bon marché

6 PERSONNES

- 300 g de carottes
- 200 g de purée de carottes
- 2 œufs
- 2 c. à soupe de chapelure
- 1 c. à café de cumin
- 1 c. à soupe de sésame
- 1 c. à soupe de graines de pavot
- Sel et poivre

1 Préchauffez le four à 180 °C (th. 6).

2 Épluchez et râpez les carottes. Mélangez la purée de carottes avec les carottes râpées.

3 Ajoutez les œufs, le cumin et la chapelure. Salez, poivrez et mélangez bien.

4 Façonnez des boulettes de la taille d'une noix avec la préparation aux carottes.

5 Roulez les boulettes dans les graines de sésame et de pavot.

6 Déposez-les sur une plaque recouverte de papier cuisson et enfournez 10 min. Servez bien chaud.

C'EST PRÊT !

ASTUCE
Vous pouvez doubler la dose de chapelure pour relever l'assaisonnement.

PRÉPARATION
15 min

CUISSON
10 min

AVIS

“ Original, simple et rapide. ”

Didouille2

Blinis de courgettes

RECETTE PROPOSÉE
PAR ValentineDucharme

Facile
€ Bon marché

4 PERSONNES

- 1 courgette
- 1 échalote
- 1 œuf
- 3 c. à soupe de farine
- Thym (facultatif)
- 1 filet d'huile d'olive

1 Râpez finement la courgette. Émincez l'échalote.

2 Battez l'œuf, puis ajoutez-le à la courgette avec l'échalote, la farine, éventuellement du thym, du sel et du poivre. Mélangez bien.

3 Faites chauffer une poêle avec de l'huile. Dans l'huile chaude, faites dorer des petites galettes de pâte, 5 min de chaque côté.

4 Déposez les galettes au fur et à mesure sur du papier absorbant. Servez chaud.

C'EST PRÊT !

PRÉPARATION
10 min

CUISSON
10 min

AVIS

“ Excellent, j'ai juste ajouté de l'ail et du gingembre, et servi avec du saumon à l'unilatéral. ”

ardbourg0771

Tzatziki léger

RECETTE PROPOSÉE
PAR Michèle

Très facile
€ Bon marché

6 PERSONNES

- **1 concombre**
- **1 pot de fromage blanc à 0 % de MG**
- **1 oignon**
- **1 gousse d'ail**
- **1 bouquet de persil et/ou de ciboulette**

1 Râpez le concombre avec une râpe à gros trous. Laissez-le dégorger 15 min ou pressez-le pour faire sortir le plus d'eau possible.

2 Hachez finement l'oignon, l'ail, le persil et/ou la ciboulette.

3 Mettez tous les ingrédients dans un saladier. Mélangez. Salez et poivrez. Servez bien frais.

C'EST PRÊT !

ASTUCE

Vous pouvez laisser reposer une nuit au frais avant de déguster. N'hésitez pas à bien saler la préparation et vérifiez l'assaisonnement après une nuit de repos (il manque souvent du sel).

PRÉPARATION
10 min

AVIS

“ C’est encore meilleur avec de la menthe fraîche ciselée à la place du persil ou de la ciboulette. Je mets juste une petite échalote finement hachée et un peu de jus de citron. ”

romina_16725344

« Tarama » de saumon maison

RECETTE PROPOSÉE
PAR romina_15592809

Très facile
€ Moyen

6 PERSONNES

- 1 pavé de saumon frais (100 g)
- 1 tranche de saumon fumé
- 50 g d'œufs de lump rouges (soit 1/2 pot)
- 40 g de fromage frais à tartiner allégé
- 2 c. à café d'aneth

1 Faites cuire le pavé de saumon au four ou à la vapeur. Laissez refroidir et retirez la peau.

2 Mixez tous les ingrédients ensemble. Dégustez avec des blinis ou des toasts.

C'EST PRÊT !

ASTUCE
Vous pouvez ajouter un peu de poivre, de ciboulette ou un filet de jus de citron... Mais surtout pas de sel (le saumon fumé et les œufs de lump en contiennent déjà beaucoup).

PRÉPARATION
15 min

CUISSON
10 min

AVIS

“ Excellent et joli. Après l'avoir goûté, c'est décidé, je ne mangerai plus de tarama industriel. Celui-là est vraiment trop bon ! Merci pour nos papilles. ”
Swiny

Guacamole (purée d'avocat)

Très facile
€ Bon marché
6 PERSONNES

- 2 avocats bien mûrs
- 1 oignon frais
- 1 ou 2 citrons verts
- Quelques branches de coriandre fraîche
- Sel

1 Épluchez et émincez l'oignon frais. Lavez et émincez les feuilles de coriandre.

2 Écrasez la chair des avocats dans un bol.

3 Ajoutez l'oignon, la coriandre, le jus de citron et salez à votre convenance.

C'EST PRÊT !

PRÉPARATION
10 min

AVIS

❝ Délicieux avec un oignon rouge et une tomate pour deux avocats ! Bien pimenter et ajouter du citron vert pour équilibrer. ❞

LWIN

Caviar d'aubergine light au gomasio

RECETTE PROPOSÉE
PAR emma_14960001

Facile
€ Bon marché

4-6 PERSONNES

- 3 aubergines
- 1 gousse d'ail
- 1 oignon
- 3 pincées de cumin
- 3 pincées de curcuma
- 3 ou 4 c. à soupe de gomasio

1 Coupez les aubergines en deux dans le sens de la longueur. Pelez l'ail et l'oignon.

2 Mettez les aubergines, peau vers le bas, dans une Cocotte-Minute, ajoutez l'ail et l'oignon, parsemez de cumin, de curcuma et salez. Versez de l'eau, refermez la cocotte et faites cuire 15 min.

3 Récupérez les aubergines délicatement et retirez la peau qui doit se décoller toute seule. Laissez-les s'égoutter dans une passoire.

4 Mixez les aubergines, l'ail et l'oignon en purée. Ajoutez le gomasio. Rectifiez l'assaisonnement si nécessaire.

5 Servez en dip décoré de gomasio.

C'EST PRÊT !

ASTUCE

Le gomasio est un sel japonais au sésame. Vous le trouverez en supermarché au rayon bio, ou vous pouvez le faire maison (voir recette page 387).

PRÉPARATION
10 min

CUISSON
15 min

AVIS

“ J'ai remplacé les épices par du ras-el-hanout et ajouté 2 cuil. à soupe d'huile de sésame pour que ça soit plus onctueux. Je l'ai servi sur des galettes de riz : délicieux ! ”

sofia_17309664

Caviar d'artichaut au basilic

RECETTE PROPOSÉE
PAR JulieSIP

Très facile
€ Bon marché

4 PERSONNES

- 1 boîte de fonds d'artichaut (8 à 10 fonds)
- 1 c. à soupe de pesto
- 3 c. à soupe d'huile d'olive
- 1 c. à café de citron
- Quelques feuilles de basilic

1 Mixez finement tous les ingrédients jusqu'à obtenir une crème onctueuse. Salez et poivrez.

2 Parsemez de feuilles de basilic frais et servez avec des petits toasts grillés ou des gressins.

C'EST PRÊT !

ASTUCE
Pour une version encore plus légère, remplacez l'huile d'olive par du fromage frais ou blanc.

PRÉPARATION
5 min

CUISSON
30 min

AVIS

“ J'ai ajouté de la moutarde et de l'ail pour relever le goût de l'artichaut qui est assez fade à la base. J'ai mis moins de parmesan... À l'apéro, l'été, c'est frais ! ”

margot_14274086

Tartare de crudités

RECETTE PROPOSÉE
PAR Sandrine_118

Très facile
€ Bon marché

4 PERSONNES

- 4 tomates
- 1 concombre
- 1 botte de radis
- 2 petites boules de mozzarella
- 1 filet d'huile d'olive
- Quelques feuilles de menthe
- Quelques feuilles de basilic
- Sel et poivre

1 Coupez les tomates en quatre.
Pelez le concombre puis épépinez-le et détaillez-le en petits dés. Faites de même pour les tomates. Détaillez les radis en rondelles. Coupez la mozzarella en petits dés.

2 Mélangez le tout dans un saladier en ajoutant les herbes finement ciselées. Salez, poivrez et arrosez d'huile.

3 Répartissez le tartare dans 4 ramequins et placez au moins 1 h au frais. Démoulez au moment de servir.

C'EST PRÊT !

ASTUCE

Pour un démoulage plus facile, tapissez le fond et la paroi des ramequins de film alimentaire, ou utilisez des cercles à pâtisserie.

PRÉPARATION
20 min

REPOS
1 h

AVIS

“ Cette entrée est délicieuse et légère. J'ai ajouté une pincée de piment d'Espelette, un demi-fromage de chèvre frais pour lier le tout. ”

Anne_1801

Citrons garnis

RECETTE PROPOSÉE
PAR Paaztek

Très facile
€ Bon marché

4 PERSONNES

- 4 citrons
- 1 oignon
- 2 boîtes de thon au naturel
- 4 grosses c. à soupe de fromage blanc
- 2 grosses c. à soupe de madère
- 8 cornichons (ou quelques câpres)
- 1 botte de ciboulette
- 1/2 botte de persil

1 Coupez la partie supérieure du citron pour faire un chapeau. Coupez légèrement la base, pour que le citron tienne debout.

2 Évidez le citron à l'aide d'une petite cuillère, en réservant 2 c. à soupe de jus, plus la pulpe. Ajoutez le thon bien égoutté.

3 Émincez finement les cornichons et l'oignon, ciselez les herbes fraîches et ajoutez le tout au thon.

4 Mélangez avec le fromage blanc et le madère.

5 Garnissez les citrons de ce mélange, fermez avec les chapeaux et laissez 1 h au frais. Servez bien frais.

C'EST PRÊT !

ASTUCE

Pour une recette encore plus légère, remplacez le thon par du poisson blanc cuit quelques minutes à la vapeur.

PRÉPARATION
10 min

REPOS
1 h

AVIS

❝ Délicieux ! Très frais... Accompagné d'une petite roquette... miam miam !! ❞

Sandra64000

Coques au citron

RECETTE PROPOSÉE PAR emma_15959113

Facile
€ Bon marché

4 PERSONNES

- 2 l de coques
- 2 citrons
- 1 carotte
- 2 échalotes
- 1 verre de vin blanc
- 1 bouquet garni
- 1 petit bouquet de persil

1 Coupez la carotte en petits dés et pelez les échalotes. Mettez-les dans un fait-tout, mouillez avec le vin, ajoutez le bouquet garni et laissez frémir 10 min à couvert.

2 Pendant ce temps, lavez les coques à l'eau plusieurs fois. Ajoutez-les dans le fait-tout, couvrez et laissez quelques minutes à feu vif, le temps pour les coques de s'ouvrir.

3 Ôtez les mollusques de leur coquille, mettez-les dans un saladier et arrosez-les avec le liquide de cuisson filtré.

4 Ajoutez le jus des citrons, le persil finement haché, salez, poivrez et remuez bien. Dégustez tiède ou froid.

C'EST PRÊT !

PRÉPARATION
10 min

CUISSON
15 min

AVIS

“ Merci pour cette délicieuse recette qui tient une bonne place dans mon carnet. ”
Batterypark

Verrines de radis au chèvre frais

RECETTE PROPOSÉE PAR Carolyn

Très facile
€ Bon marché

4 PERSONNES

- 1 fromage de chèvre frais
- 1 botte de radis
- 25 cl de yaourt grec (ou brassé)
- 1 bouquet de ciboulette
- 1 gousse d'ail
- Sel et poivre

1. Dans un bol, mélangez le chèvre frais avec le yaourt, la ciboulette (gardez quelques tiges entières pour la décoration), l'ail émincé finement, du sel et du poivre.
2. Nettoyez les radis et coupez-les en fines rondelles. Mélangez-les à la préparation précédente, gardez quelques rondelles pour la décoration.
3. Mettez un peu de préparation dans chaque verrine, en veillant à ne pas salir les bords. Terminez par quelques rondelles de radis et parsemez de ciboulette ciselée.
4. Laissez reposer au frais pendant 30 min.
5. Sortez les verrines du réfrigérateur 5 min avant de passer à table. Si vous le souhaitez, ajoutez un petit gressin dans chaque verrine.

C'EST PRÊT !

ASTUCE

Goûtez pour doser parfaitement l'ail et la ciboulette selon votre goût et donner du peps à ces verrines sans masquer complètement les autres saveurs. Vous pouvez aussi ajouter du jus de citron.

PRÉPARATION
10 min

REPOS
30 min

AVIS

“ Très bon pour un apéro léger et facile à préparer.
Bien à mettre sur de petites tranches de baguette aussi. ”
eva_16923733

Verrines avocat, saumon et mangue

RECETTE PROPOSÉE
PAR agnes0209

Facile
€ Moyen

4 PERSONNES

- 200 g de crevettes roses cuites
- 2 avocats pas trop mûrs
- 1 mangue pas trop mûre
- 1 citron vert
- 1 oignon nouveau
- 4 brins d'aneth
- 2 c. à soupe d'huile d'olive
- 6 gouttes de Tabasco®

1 Prélevez la chair des avocats, coupez-la en dés et arrosez-la d'un peu de jus de citron vert. Pelez la mangue et coupez-la tout en petits dés. Décortiquez les crevettes et coupez-les en petits morceaux.

2 Mélangez les crevettes, l'avocat, la mangue, l'oignon haché, le jus de citron vert restant, l'huile et le Tabasco®. Salez et poivrez. Parsemez d'aneth ciselé.

3 Répartissez le tartare dans des coupelles.

C'EST PRÊT !

ASTUCE

Pour couper facilement les fruits, choisissez-les mûrs à point (mais pas trop) et munissez-vous d'un très bon couteau !

PRÉPARATION
10 min

AVIS

“ Vraiment délicieux et frais ! Idéal pour l'été.
J'ai ajouté un peu de gingembre frais, c'était parfait ! ”
Chloebvl

Verrines de légumes

RECETTE PROPOSÉE
PAR Cocopassions

Très facile
€ Bon marché

4 PERSONNES

- 1 avocat
- 2 tomates
- 1/2 poivron rouge
- 1/2 courgette
- 1/2 yaourt nature
- 1 c. à soupe de parmesan râpé
- 1 c. à soupe de jus de citron
- Vinaigre balsamique
- Huile d'olive
- Herbes de Provence
- Sel et poivre

1 Lavez et coupez le poivron en dés. Faites-les revenir dans une poêle avec un filet d'huile pendant 20 min.

2 Pendant ce temps, lavez et coupez la courgette en cubes. Faites-les revenir dans un filet d'huile d'olive. Saupoudrez d'herbes de Provence, salez et poivrez. Laissez cuire 20 min.

3 Lavez et coupez les tomates en petits dés, placez-les dans un bol et ajoutez 2 c. à soupe d'huile, 1 c. à soupe de vinaigre balsamique.

4 Pelez l'avocat et détaillez-le en gros morceaux. Ajoutez le yaourt, le parmesan, le jus de citron et mixez jusqu'à l'obtention d'une crème homogène.

5 Dans chaque verrine, alternez dans l'ordre une couche de tomate, une de courgette, une de poivron et une d'avocat.

C'EST PRÊT !

PRÉPARATION
15 min

CUISSON
20 min

AVIS

“ J'ai fait ces verrines en entrée accompagnées d'une petite tartine de légumes. À refaire sans modération ! ”

Sylvie_4414

Tartare d'avocat, pomme verte et crabe

RECETTE PROPOSÉE
PAR emmy_15181468

Facile
€ Moyen

4 PERSONNES

- 2 avocats
- 2 pommes granny smith
- 200 g de crabe émietté
- Jus de citron
- Paprika

1 Coupez les pommes en fines tranches. Coupez les avocats en dés.

2 Écrasez grossièrement la chair d'avocat à la fourchette puis incorporez-y les miettes de crabe. Arrosez d'un filet de jus de citron, salez, poivrez et parsemez de paprika.

3 Servez dans des coupes en alternant les pommes et le tartare d'avocat. Dégustez frais.

C'EST PRÊT !

PRÉPARATION
10 min

AVIS

“ Pour un goût plus prononcé, j’utilise les gros avocats verts et non noirs. Comme ils sont souvent plus gros, il vous en faudra un. Et une seule pomme, sinon le goût du crabe n’y est plus. ”

Magali_Muhlig

Verrines de saumon au citron vert

RECETTE PROPOSÉE
PAR Catherine_2756

Très facile
€ Moyen

4 PERSONNES

- 4 tranches de saumon fumé
- 10 bâtons de surimi
- 200 g de fromage blanc crémeux
- 1 citron vert
- 1 échalote
- Baies roses
- Zestes de citron
- Quelques brins de ciboulette

PRÉPARATION
15 min

1 Hachez le saumon et le surimi à l'aide d'un hachoir à viande (grille moyenne).

2 Hachez finement l'échalote et la ciboulette. Mélangez le tout dans un saladier. Incorporez des baies roses écrasées.

3 Ajoutez le jus du citron vert et le fromage blanc. Répartissez la préparation obtenue dans des verrines et réservez au frais.

4 Au moment de servir, parsemez de ciboulette et de quelques zestes de citron.

C'EST PRÊT !

AVIS

« J'ai ajouté une pincée de gingembre en poudre, puis servi dans des tronçons de concombre évidés accompagnés de tomates cerises. Un régal pour tous. »
Angie32

ASTUCE

Pour des verrines graphiques, mélangez le fromage blanc, la ciboulette et l'échalote, et alternez des couches avec le saumon et le surimi.

Verrines ricotta-avocat-tarama

RECETTE PROPOSÉE PAR Paaztek

Très facile
€ Moyen

6 PERSONNES

- 2 c. à soupe de ricotta
- 1 avocat bien mûr
- 1 pot de rillettes de poisson
- 4 c. à café de tarama
- 2 c. à soupe de crème fraîche légère ou de fromage blanc
- 1 c. à soupe de jus de citron
- Sel

1 Écrasez la chair de l'avocat à la fourchette dans un bol. Ajoutez 3 c. à café de rillettes de poisson et le jus de citron. Salez et mixez le tout en pâte lisse.

2 Dans un autre bol, mélangez la ricotta, le tarama et la crème.

3 Garnissez chaque verre d'une fine couche de rillettes au fond, du mélange à l'avocat, puis de la crème ricotta-tarama.

C'EST PRÊT !

PRÉPARATION
15 min

AVIS

« Très belle présentation aux couleurs magnifiques (le vert de l'avocat et le rose du tarama), et c'est délicieux. J'ai fait un carton auprès de mes invités ! »
Bibibeth

ASTUCE

Vous pouvez décorer la verrine d'un brin de persil, d'aneth, de graines germées ou d'une grappe de groseilles.

Terrine de poisson au basilic

RECETTE PROPOSÉE
PAR Edith

Moyen
€ Un peu cher

6 PERSONNES

- 400 g de saumon (ou de truite)
- 300 g de poisson blanc (type julienne, cabillaud...)
- 1 petite boîte de concentré de tomate
- 2 c. à soupe de petits-suisses
- 1 petit bouquet de basilic
- 2 œufs
- Sel et poivre

1 Préchauffez le four à 210 °C (th. 7).

2 Ciselez le basilic. Mixez les filets de poisson. Versez-les dans un saladier puis incorporez les autres ingrédients un à un, en remuant à la spatule. Rectifiez l'assaisonnement si besoin.

3 Tapissez le fond d'un moule à cake de papier cuisson pour faciliter le démoulage. Versez la préparation dans le moule.

4 Enfournez pour 40 min dans un bain-marie (placez le moule dans la lèchefrite du four remplie d'eau à mi-hauteur du moule).

5 Démoulez froid et servez bien frais.

C'EST PRÊT !

ASTUCE
Ne hachez pas les herbes : émincez-les avec des ciseaux, pour préserver leur arôme. Vous pouvez l'accompagner d'une sauce fromage blanc/moutarde/citron.

PRÉPARATION
10 min

CUISSON
40 min

AVIS

“ Rapide à faire, délicieux. Encore meilleur le lendemain. N'ayant pas de concentré, j'ai mis un petit pot de sauce tomate bio. Ne pas lésiner sur le basilic. ”
cuisinette76

Terrine de courgettes au saumon

Très facile
Bon marché
6 PERSONNES

- 4 courgettes
- 4 tranches de saumon fumé
- 4 œufs
- 25 cl de crème liquide à 5 % (ou 2 petits-suisses)
- 4 c. à soupe de basilic et de ciboulette ciselés
- 1 c. à soupe de farine ou Maïzena®
- 1/2 c. à café de curry
- Beurre
- Sel et poivre

1 Préchauffez le four à 210 °C (th. 7).

2 Lavez les courgettes et coupez-les en lamelles dans le sens de la longueur. Faites-les cuire 10 min à la vapeur ou dans de l'eau salée. Égouttez-les sur du papier absorbant.

3 Dans un saladier, battez les œufs avec la crème, la farine, le curry, du sel et du poivre jusqu'à l'obtention d'une crème onctueuse.

4 Beurrez un moule à cake puis disposez une couche de crème, une couche de courgettes, une couche de saumon, et ainsi de suite jusqu'à remplir le moule.

5 Parsemez d'herbes hachées et d'un peu de poivre entre chaque couche de saumon.

6 Enfournez pour 45 min. Servez avec des tomates crues ou une petite salade mélangée.

C'EST PRÊT !

ASTUCE
Cette terrine se découpe facilement après une nuit au réfrigérateur.

PRÉPARATION
20 min

CUISSON
55 min

AVIS

« C'est une entrée très raffinée. Je l'ai servie avec une sauce au yaourt salée, poivrée et un peu de curry. »

Emilie_3742

Terrine d'aubergines et poivrons

Facile
€ Bon marché
8 PERSONNES

- 1 kg d'aubergines
- 600 g de poivrons rouges
- 6 œufs
- 2 gousses d'ail
- 2 c. à soupe de fromage blanc
- 2 c. à soupe de fines herbes
- 4 c. à soupe d'huile d'olive
- Sel et poivre

1 Préchauffez le four à 200 °C (th. 7).

2 Lavez les aubergines, coupez-les en deux dans la longueur, puis entaillez la chair en croisillons. Badigeonnez-les d'huile d'olive et enfournez pour 25 à 30 min. La chair est cuite quand une cuillère s'y enfonce facilement et que la pulpe se détache.

3 Videz les aubergines de leur pulpe dans un saladier, mixez-la avec 4 œufs et le reste de l'huile d'olive.

4 Passez les poivrons rouges au four jusqu'à ce que la peau noircisse. Épluchez-les. Mixez-les avec l'ail épluché et les fines herbes, 2 œufs et le fromage blanc. Salez et poivrez.

5 Huilez une terrine, alternez une couche d'aubergines, une couche de poivrons et une couche d'aubergines.

6 Placez la terrine dans un bain-marie et enfournez 1 h à 180 °C (th. 6). Laissez refroidir avant de démouler.

ASTUCE

Si la préparation vous semble un peu liquide, ajoutez un peu de Maïzena® ou faites-la réduire quelques minutes à la casserole.

PRÉPARATION
20 min

CUISSON
1 h 30

AVIS

« J'ai augmenté les proportions de légumes utilisés : 4 grosses aubergines, 4 gros poivrons, 4 gousses d'ail. Et pour donner un peu plus de goût, j'ai ajouté des oignons blancs frais. »
Midemars

Qui dit légèreté, dit salades....
Ça tombe sous le sens, c'est presque trop facile...
Sauf qu'on a vite fait de lui retirer son côté « light »
avec la sauce. Pas de panique, on a pensé à tout
avec des vinaigrettes aussi délicieuses qu'inventives
pour assaisonner vos salades à la perfection.
Et surtout, on n'oublie pas que notre cerveau a besoin
de gras pour bien fonctionner. Donc pas question
de retirer totalement l'huile, bien au contraire.
Promis, on ne vous raconte pas de salades ! ;)

Les salades

Faites le plein de vitamines !

Salade épinards-fraises

RECETTE PROPOSÉE
PAR VIOLAINE

Très facile
€ Moyen

5 PERSONNES

- 150 g de pousses d'épinards
- 150 g de fraises
- 80 g de fromage de chèvre
- 50 g de noix de pécan (glacées de préférence)
- Vinaigrette (framboise de préférence)

1 Dans un saladier, placez les feuilles d'épinards (ou de mâche).

2 Ajoutez les fraises coupées en morceaux.

3 Ajoutez le fromage de chèvre (doux, frais) en miettes, et éventuellement quelques noix de pécan.

4 Assaisonnez selon votre goût avec une sauce au vinaigre balsamique ou de framboise.

C'EST PRÊT !

ASTUCE

Si vous préparez cette salade à l'avance, citronnez les fraises pour qu'elles ne noircissent pas, et versez la sauce au dernier moment, pour qu'elle n'imprègne pas trop les ingrédients.

PRÉPARATION
10 min

AVIS

“ Un classique au Canada. On fait aussi la même chose avec des pommes ou des quartiers de mandarine à la place des fraises, avec une vinaigrette au yaourt et au citron. ”

Agathe_13815193

Salade de fenouil à l'orange

RECETTE PROPOSÉE
PAR barbara_13

Très facile
Bon marché

4 PERSONNES

- 2 bulbes de fenouil
- 1 orange
- 1 poignée de salade frisée
- Quelques brins d'aneth

POUR L'ASSAISONNEMENT :

- 1 orange
- 5 cl de vinaigre de cidre
- 1 c. à café de moutarde à l'ancienne
- 5 cl d'huile d'olive
- Sel et poivre

1 Nettoyez les bulbes de fenouil. Retirez les parties vertes et émincez les bulbes très finement.

2 Pelez 1 orange à vif et détachez les quartiers. Placez le tout dans un saladier.

3 Préparez l'assaisonnement. Dans un bol, mélangez le vinaigre de cidre avec la moutarde et le jus de la deuxième orange. Salez et poivrez.

4 Versez sur la salade. Parsemez d'aneth ciselé.

C'EST PRÊT !

ASTUCE

Vous pouvez préparer cette salade la veille, mais si vous voulez profiter de toutes ses vitamines, mangez-la tout de suite.

PRÉPARATION
15 min

AVIS

“ J'ai juste ajouté 1 cuillerée à soupe de miel liquide, de la coriandre et de la menthe fraîches ! Merci pour cette bonne recette. ”

Ilotresor

Salade betterave-chèvre à la grenade

RECETTE PROPOSÉE
PAR Sixte

Facile
€ Moyen

2 PERSONNES

- 2 betteraves cuites
- 75 g de mâche
- 75 g de chèvre frais
- 1 grenade

POUR L'ASSAISONNEMENT :

- 2 c. à soupe d'huile d'olive
- 1 c. à soupe de vinaigre de framboise

1 Coupez les betteraves et le chèvre en petits dés. Lavez la mâche.

2 Pour extraire les grains de la grenade, coupez-la en deux et pressez comme pour une orange : les grains vont tomber. Pressez jusqu'à recueillir tous les grains.

3 Dans un saladier, mélangez la mâche avec les dés de betterave. Ajoutez délicatement le chèvre et les grains de grenade.

4 Assaisonnez avec l'huile d'olive et le vinaigre de framboise.

C'EST PRÊT !

ASTUCE
Attention à ne pas prélever la membrane jaune de la grenade, qui est excessivement amère.

PRÉPARATION
5 min

AVIS

“ Recette très originale et très facile !
Nous nous sommes régalés. Merci ! ”
tatou13

Pico de gallo (salade mexicaine)

RECETTE PROPOSÉE
PAR victor_14793906

Très facile
€ Bon marché

4 PERSONNES

- 4 tomates moyennes
- 2 avocats pas trop mûrs
- 1 bouquet de coriandre
- 1 oignon nouveau

POUR L'ASSAISONNEMENT :

- Le jus d'1/2 citron
- 1 c. à soupe d'huile d'olive
- Sel

1 Coupez les tomates et les avocats en dés. Hachez grossièrement la coriandre. Ciselez finement l'oignon.

2 Mélangez ces ingrédients dans un saladier.

3 Ajoutez le jus du citron et l'huile. Salez. Servez bien frais.

C'EST PRÊT !

ASTUCE

En été, avec des grillades, c'est tout simplement divin !

PRÉPARATION
10 min

AVIS

❝ Très bonne recette. Je conseille de vider le jus de tomate comme je l'ai fait pour éviter que la salade baigne dedans. ❞

holycha

Salade de mesclun à la courge confite

RECETTE PROPOSÉE PAR Leapellecuer

Facile
€ Bon marché

2 PERSONNES

- 500 g de mesclun
- 150 g de courge
- 100 g de parmesan
- 30 g de beurre
- 15 g de sucre
- 1 pincée de muscade

POUR L'ASSAISONNEMENT :

- 3 c. à soupe de vinaigre balsamique
- 2 c. à soupe d'huile d'olive
- 1 c. à café de moutarde
- Sel et poivre

1 Pelez la courge et coupez-la en petites tranches de 2 à 4 mm d'épaisseur.

2 Dans une poêle à feu moyen, faites fondre le beurre, ajoutez le sucre, la muscade et la courge, puis faites cuire 5 à 10 min en remuant délicatement.

3 Une fois la courge légèrement caramélisée, ajoutez 1 c. à soupe de vinaigre, salez et poivrez. Laissez tiédir.

4 Préparez une vinaigrette avec l'huile et le reste de vinaigre (son goût doit bien ressortir).

5 Répartissez la salade dans les assiettes, puis la courge encore tiède. Râpez le parmesan en copeaux au-dessus. Assaisonnez de vinaigrette et servez.

C'EST PRÊT !

ASTUCE

Cette salade peut accompagner une quiche ou des bruschettas. On peut également mélanger un peu de roquette au mesclun.

PRÉPARATION
20 min

CUISSON
10 min

AVIS

“ Surprenant, je n’aurais jamais pensé à servir de la courge en entrée. C’était excellent, cette salade est simple et fait sensation ! ”

Alissiah56

Salade lentilles et graines de tournesol

RECETTE PROPOSÉE
PAR hannah_14206399

Très facile
€ Bon marché

6 PERSONNES

- 250 g de lentilles
- 200 g de maïs
- 1 concombre
- 3 tomates
- 150 g de graines de tournesol

1 Faites cuire les lentilles 25 à 30 min dans un grand volume d'eau non salée (le sel les ferait durcir à la cuisson). Elles doivent rester un peu fermes. Rincez-les ensuite à l'eau froide et réservez-les au frais.

2 Dans un saladier, mélangez le maïs égoutté, le concombre coupé en dés (avec la peau pour plus de croquant), les tomates coupées et les graines de tournesol.

3 Ajoutez-y les lentilles complètement refroidies, puis assaisonnez avec une vinaigrette à votre goût (par exemple à la framboise). Servez bien frais.

C'EST PRÊT !

ASTUCE

Préférez les lentilles crues à celles déjà préparées en boîte : c'est bien plus savoureux ! Pour une recette express, faites-les cuire 7 à 10 min à la Cocotte-Minute.

PRÉPARATION
15 min

CUISSON
30 min

AVIS

“ Très frais, très bon. N'aimant pas le maïs, j'ai fait une version sans, avec du vinaigre de vin pour l'acidité et beaucoup de basilic qui se marie très bien avec l'ensemble. ”

Aurelie_3417

Salade de blé au haddock fumé

RECETTE PROPOSÉE PAR SV69

Facile
€ Bon marché

4 PERSONNES

- 250 g de blé précuit
- 2 tranches de haddock fumé
- 1 concombre
- 2 c. à soupe de sauce soja sucrée

POUR L'ASSAISONNEMENT :

- Le jus d'1 citron vert
- 1 c. à soupe de moutarde
- Échalote
- Poivre

1. Cuisez le blé 10 min, dans de l'eau bouillante. Égouttez-le bien et laissez-le refroidir.
2. Pelez le concombre, coupez-le en deux dans le sens de la longueur ; ôtez la partie centrale (moins digeste et qui rend de l'eau), et coupez-le en tronçons d'1 cm.
3. Préparez la sauce en mélangeant les ingrédients et l'échalote finement émincée.
4. Mélangez le blé froid, le concombre coupé et les tranches de haddock effilochées.
5. Mettez au frais pour au moins 15 min avant de servir, avec un filet de sauce soja supplémentaire.

C'EST PRÊT !

ASTUCE

La sauce soja et le haddock sont déjà salés, il n'est donc pas utile d'ajouter du sel.

PRÉPARATION
35 min

CUISSON
15 min

Salade de pamplemousse et avocat, sauce mandarine

RECETTE PROPOSÉE PAR nadej

Très facile
€ Bon marché

4 PERSONNES

- 2 pamplemousses roses
- 2 avocats bien mûrs
- 2 c. à soupe d'amandes effilées

POUR L'ASSAISONNEMENT :

- 2 mandarines non traitées
- 3 c. à soupe d'huile de tournesol
- 2 c. à soupe de jus de citron
- 2 c. à soupe de miel

1 Râpez très finement le zeste d'une mandarine. Pressez les mandarines pour obtenir 12 cl de jus.

2 Préparez l'assaisonnement : dans un bol, mélangez le miel et 1 c. à soupe de zeste de mandarine, puis incorporez délicatement les jus de mandarine et de citron. Versez ensuite l'huile.

3 Pelez les pamplemousses en ôtant la pellicule blanche. Coupez-les en rondelles. Pelez, dénoyautez et coupez en morceaux les avocats.

4 Dans un saladier, réunissez les morceaux d'avocat et de pamplemousse.

5 Faites griller à sec les amandes dans une poêle antiadhésive. Versez-les dans le saladier puis arrosez de sauce mandarine. Mélangez et servez.

C'EST PRÊT !

ASTUCE

Utilisez des ingrédients à température ambiante.

PRÉPARATION
35 min

CUISSON
min

AVIS

“ J'ai ajouté des rondelles très fines de carottes : ça donne un petit côté croquant et sucré agréable. Tout le monde a apprécié. ”

Debby_3

Salade de kale aux airelles et à la feta

RECETTE PROPOSÉE PAR doudeon

Facile
€ Moyen

4 PERSONNES

- **300 g de chou kale**
- **50 g d'airelles**
- **50 g de feta**
- **2 tomates**
- **2 avocats**
- **50 g d'amandes effilées**
- **3 c. à soupe d'huile d'olive**
- **1 c. à soupe de vinaigre balsamique**
- **1 c. à soupe de moutarde**

PRÉPARATION
15 min

CUISSON
30 min

1 Dans un saladier, préparez une vinaigrette avec l'huile, le vinaigre, la moutarde, du sel et du poivre.

2 Coupez très finement le chou ou hachez-le. Mettez-le dans le saladier, avec les airelles, la feta émiettée, les tomates coupées en petits morceaux, les avocats en petites tranches et les amandes.

3 Mélangez et laissez mariner 30 min au frais.

C'EST PRÊT !

AVIS

« Absolument excellent ! Je l'ai faite des dizaines de fois, et elle remporte toujours le même succès. »
mimibm

ASTUCE

Arrosez l'avocat de jus de citron pour éviter qu'il noircisse.

Salade de courgettes crues

1 Lavez les courgettes sans les éplucher. Coupez-les en deux dans le sens de la longueur et égrenez-les. À l'aide d'un Économe, réalisez de fines lamelles dans la longueur.

2 Épluchez l'ail, puis dégermez-le et écrasez-le. Lavez le basilic et ciselez-le.

3 Dans un saladier, préparez l'assaisonnement. Mélangez l'ail avec l'huile d'olive, les deux vinaigres, le basilic, du sel et du poivre. Ajoutez les courgettes.

4 Lavez les tomates cerises et coupez-les en deux. Incorporez-les au contenu du saladier. Couvrez et placez au moins 15 min au réfrigérateur. Dégustez bien frais.

C'EST PRÊT !

RECETTE PROPOSÉE PAR Sandykilo

Très facile
€ Bon marché

4 PERSONNES

- 4 courgettes
- 20-25 tomates cerises
- 1 grosse gousse d'ail violet
- 1 bouquet de basilic

POUR L'ASSAISONNEMENT :

- 4 c. à soupe d'huile d'olive
- 1 c. à soupe de vinaigre balsamique
- 1 c. à soupe de vinaigre de vin

AVIS

« Sublime ! Vous pouvez ajouter des poires (fraîches ou au sirop) et/ou des noix. C'est délicieux ! »
Shunthi

ASTUCE

Un accompagnement parfait pour des grillades !

PRÉPARATION
15 min

CUISSON
15 min

Salade sucrée-salée, croquante-tendre

RECETTE PROPOSÉE
PAR melanietauber

Très facile
€ Moyen

4 PERSONNES

- Jeunes pousses d'épinards
- Mesclun
- 2 poires croquantes
- 1 bûche de chèvre
- 1 poignée d'amandes effilées
- Baies roses

POUR L'ASSAISONNEMENT :

- Mélange cinq-baies
- Huile d'olive
- Vinaigre balsamique
- 1 à 2 c. à soupe de miel
- Sel et poivre

1 Déposez la salade dans un plat creux. Pelez les poires, coupez-les en lamelles ou en dés irréguliers et répartissez-les dessus. Coupez le chèvre en petits morceaux et ajoutez-le.

2 Faites griller rapidement les amandes à la poêle et ajoutez-les. Concassez des baies roses et parsemez-en la salade.

3 Préparez une vinaigrette avec de l'huile, du vinaigre, du mélange cinq-baies et éventuellement le miel. Salez et poivrez. Servez la sauce à part avec la salade.

C'EST PRÊT !

ASTUCE
Remplacez le mesclun par de la roquette. Pour une salade encore plus légère et un peu moins sucrée en saveur, n'ajoutez pas de miel.

PRÉPARATION
10 min

AVIS

« Une salade raffinée, très appréciée y compris par ceux qui d'habitude n'aiment pas le sucré-salé ! La petite touche finale avec les baies roses est une idée de génie ! »

rose_16804335

Salade à l'américaine

RECETTE PROPOSÉE
PAR JohanaB

Facile
€ Bon marché

4 PERSONNES

- 250 g de chou rouge
- 250 g de carottes
- 50 g de salade verte
- Graines de sésame
- Menthe

POUR L'ASSAISONNEMENT :
- 3 c. à soupe d'huile d'olive
- 3 c. à soupe de vinaigre
- 2 c. à soupe de jus de citron
- 1 gousse d'ail (ou 1 oignon)
- Sel et poivre

1 Retirez les feuilles extérieures du chou rouge. Pelez les carottes. Râpez-les tous les deux et mettez-les dans un saladier. Pelez et hachez l'ail ou l'oignon.

2 Préparez la sauce en mélangeant l'huile d'olive, le vinaigre, le jus de citron, l'oignon ou l'ail, du sel et du poivre.

3 Versez la sauce dans le saladier, remuez et parsemez de graines de sésame et de menthe hachée.

C'EST PRÊT !

ASTUCE

Vous pouvez compléter la salade avec du concombre et des germes de soja.

PRÉPARATION
20 min

AVIS

« Super bon et très beau visuellement, effet garanti et vitamines. »

jade_16706692

Taboulé de chou-fleur

RECETTE PROPOSÉE PAR Lili

Très facile
€ Bon marché

6 PERSONNES

- 1 chou-fleur
- 200 g de tomates concassées
- 1/2 bouquet de menthe
- 1/2 bouquet de persil
- 1/2 bouquet de coriandre
- 1/2 bouquet de ciboulette
- 1 petit oignon
- 15 cl de jus de citron
- 10 cl d'huile d'olive
- 80 g de raisins de Corinthe (facultatif)
- 50 g de pignons de pin (facultatif)
- Sel et poivre

1. Lavez le chou-fleur. Ôtez le trognon et les tiges pour ne garder que les bouquets.
2. Râpez-les pour obtenir une semoule blanche (à titre indicatif, pour un chou-fleur entier, environ 700 g).
3. Épluchez et coupez l'oignon en fines lamelles.
4. Lavez les herbes, effeuillez-les, séchez-les et ciselez-les.
5. Dans un saladier, mélangez tous les ingrédients à l'exception des pignons. Laissez reposer au frais pendant au moins 6 h.
6. Ajoutez les pignons 1 h avant de servir.

C'EST PRÊT !

PRÉPARATION
20 min

REPOS
6 h

AVIS

“ Je n'ai pas mis d'huile ni de pignons afin d'alléger encore plus ce taboulé. J'ai simplement ajouté un peu de concombre et un demi-poivron jaune. ”
Marie1991

Salade fraîche d'été au melon

RECETTE PROPOSÉE
PAR Hannah_17293872

Très facile
€ Bon marché

4-6 PERSONNES

- 250 g de mesclun
- 2 melons
- 200 g de feta
- 10-15 tomates cerises
- 1 gros bouquet de basilic

POUR L'ASSAISONNEMENT :

- 1 citron
- 5 c. à soupe d'huile d'olive
- Sel et poivre

1 Lavez et essorez le mesclun. Lavez les tomates cerises et coupez-les en deux. Coupez la feta en cubes.

2 Épépinez les melons et prélevez des boules à l'aide d'une cuillère parisienne. Lavez le basilic, effeuillez-le et ciselez-le.

3 Mélangez tous les ingrédients dans un saladier et réservez au frais.

4 Préparez l'assaisonnement. Dans un bol, mélangez l'huile avec le jus du citron. Au moment de servir, versez sur la salade et mélangez. Dégustez bien frais.

C'EST PRÊT !

ASTUCE

Pour une salade complète, ajoutez des lentilles ou du quinoa. Vous pouvez remplacer la feta par de la mozzarella, plus légère.

PRÉPARATION
10 min

AVIS

« Je fais très souvent cette recette parfaite pour l'été ; pour augmenter l'effet fraicheur, j'ajoute un peu de menthe fraîche avec le basilic : 2e effet « détonant » assuré ! »
sylviane0412

Taboulé au quinoa et au tofu

RECETTE PROPOSÉE
PAR magali_1357

Très facile
€ Moyen

4 PERSONNES

- 280 g de quinoa
- 200 g de tofu ferme
- 3 tomates
- 4 tomates cerises
- 1 petit concombre
- 1/2 botte de radis
- 3 c. à soupe d'huile d'olive
- 1/2 bouquet de basilic
- Sel et poivre

1 Dans une casserole, portez à ébullition 1 l d'eau, puis versez le quinoa et laissez cuire 15 min.

2 Pendant ce temps, coupez le tofu en petits dés.

3 Pelez le concombre et lavez les tomates, puis coupez-les en morceaux. Coupez les tomates cerises en deux. Lavez les radis, puis ôtez leurs extrémités et coupez-les en fines lamelles.

4 Quand le quinoa est cuit, égouttez-le et rincez-le sous l'eau froide. Égouttez-le de nouveau.

5 Versez-le dans un saladier et incorporez-y le tofu, le concombre, les radis, les tomates et les tomates cerises. Ajoutez le basilic ciselé. Salez et poivrez, puis ajoutez l'huile d'olive. Mélangez bien et servez.

C'EST PRÊT !

ASTUCE

Rincez bien le quinoa avant cuisson pour lui ôter son amertume. Vous pouvez relever l'assaisonnement d'un peu de jus de citron, de sel et de poivre.

PRÉPARATION
25 min

CUISSON
15 min

AVIS

“ Réalisé avec de la semoule à la place du quinoa, c’était parfait ! ”

Julien_8896

Salade de légumes grillés et de polenta

RECETTE PROPOSÉE
PAR Sofia_16605432

Facile
€ Bon marché

4 PERSONNES

- 100 g de polenta
- 30 g de parmesan râpé
- 2 aubergines
- 3 courgettes
- 2 poivrons
- 12 olives noires
- Quelques feuilles de salade
- Quelques feuilles de basilic
- 1 filet d'huile d'olive

POUR L'ASSAISONNEMENT :

- 15 cl de jus de citron
- 10 cl d'huile d'olive
- 4 c. à soupe d'huile d'olive
- 2 c. à soupe de vinaigre de xérès ou balsamique
- 1 brin de romarin
- Sel et poivre

1 Préparez la polenta comme indiqué sur l'emballage, puis incorporez le parmesan. Versez la préparation dans un plat rectangulaire et laissez durcir.

2 Lavez les aubergines et les courgettes, coupez-les en rondelles.

3 Faites cuire les aubergines à feu vif dans l'huile d'olive. Faites de même pour les courgettes. Réservez.

4 Découpez la polenta en petits rectangles et faites-les dorer dans un peu d'huile d'olive (ou quelques minutes sous le gril du four, sans huile). Salez et poivrez.

5 Préparez la sauce et versez-la sur les légumes. Mélangez, ajoutez quelques olives noires et les feuilles de salade.

6 Disposez les morceaux de polenta sur les légumes et servez.

C'EST PRÊT !

PRÉPARATION
30 min

CUISSON
20 min

AVIS

“ Bonne idée de recette qui change. Pour une polenta plus colorée, j'ai intégré des dés de poivrons pendant la cuisson. ”
villaindigo

Salade de courgettes et fenouil à la thaï

RECETTE PROPOSÉE PAR lina_16888516

Facile
€ Moyen

4 PERSONNES

- 2 courgettes
- 1 bulbe de fenouil
- 1 gousse d'ail
- 2 ou 3 cm de gingembre frais
- 1 botte de coriandre fraîche
- 1/2 bouquet de basilic thaï
- 1 feuille de citron kaffir (combava)
- 1 branche de citronnelle
- 2 c. à soupe de graines de sésame
- Piment rôti et moulu
- 15 cl de jus de citron
- 5 cl d'huile d'olive
- 2 c. à soupe de sauce nuoc-mâm
- 1 citron vert
- 1 filet d'huile de sésame

1 Émincez l'ail et le gingembre très finement. Hachez grossièrement la coriandre et le basilic. Ciselez très finement la citronnelle. Enlevez la nervure centrale de la feuille de kaffir et hachez-la le plus finement possible.

2 Coupez les courgettes en demi-rondelles. Taillez le fenouil en morceaux de 1 à 3 cm.

3 Faites griller les graines de sésame dans une poêle à sec.

4 Mélangez la citronnelle, le basilic thaï, le kaffir, la coriandre, l'ail, le gingembre, le piment, les courgettes, le fenouil et les graines de sésame. Arrosez de sauce nuoc-mâm, du jus du citron vert et d'huile de sésame.

5 Idéalement, laissez mariner 2 h au frais, puis dégustez.

C'EST PRÊT !

ASTUCE

Si vous aimez le piquant, ajoutez 1 piment oiseau rouge frais en veillant à bien l'épépiner.

PRÉPARATION
20 min

REPOS
2 h min

CUISSON
1 min

AVIS

“ Surtout ne pas saler, le nuoc-mâm est largement suffisant. Je n'avais pas de basilic thaï, mais c'était très bon tout de même. ”

mia_17220872

Salade de boulgour aux fèves et poivrons

RECETTE PROPOSÉE
PAR anne_1173

Très facile
€ Bon marché

4 PERSONNES

- 300 g de boulgour cuit
- 50 g de fèves
- 4 poivrons (2 rouges et 2 jaunes)
- 50 g de tomates confites
- 1 gros bouquet de persil
- 4 c. à soupe de vinaigre de xérès
- 4 c. à soupe d'huile d'olive

1 Faites cuire les fèves à l'eau salée.

2 Faites griller les poivrons au four : lorsque la peau commence à cloquer et noircir, placez-les dans un sachet plastique et laissez-les tiédir pour les peler facilement.

3 Coupez-les en lamelles et laissez-les mariner au moins 1 h dans l'huile d'olive.

4 Mélangez le boulgour avec les fèves, les tomates confites et les poivrons marinés coupés en gros dés.

5 Ajoutez le persil ciselé et le vinaigre. Servez frais.

C'EST PRÊT !

PRÉPARATION
15 min

MARINADE
1 h

CUISSON
15 min

AVIS

“ Facile à faire, excellent. Meilleur encore le lendemain, car tous les parfums sont bien mêlés. J'ai ajouté une échalote. ”
Jacqueline_245

Chou mariné

RECETTE PROPOSÉE
PAR Unpetitcaillou

Très facile
€ Bon marché

6 PERSONNES

- 2 kg de chou blanc
- 4 carottes
- Gousses d'ail

POUR LA MARINADE :

- 3 c. à soupe de sel
- 20 cl de vinaigre blanc
- 1/2 verre de sucre
- 1/2 verre d'huile de tournesol
- 1 feuille de laurier
- 4 ou 5 clous de girofle
- Grains de poivre

1 Coupez le chou en quartiers assez fins en partant du centre, comme une pomme. Détaillez les carottes en tronçons de 4 cm, puis coupez-les en quatre dans la longueur.

2 Dans une grande bassine, alternez les couches de chou avec les carottes et l'ail épluché.

3 Préparez la marinade. Dans une grande casserole, faites bouillir tous les ingrédients avec 1 l d'eau.

4 Recouvrez le chou de cette marinade et laissez refroidir.

C'EST PRÊT !

ASTUCE
Le chou est prêt dès le refroidissement de la marinade mais il devient encore meilleur avec le temps.

PRÉPARATION
15 min

CUISSON
15 min

AVIS

“ Je cherchais ce goût et cette façon de le préparer depuis que j'y avais goûté en voyage en Autriche. J'ai ajouté du cumin comme ils font là-bas. ”
Eliane18

Salade grecque façon buddha bowl

Facile
€ Bon marché
4 PERSONNES

- 250 g de boulgour
- 1/4 de concombre
- 1/4 de poivron
- 1/4 de courgette
- 4 tomates cerises
- 100 g de feta
- 1 c. à soupe d'oignon rouge
- 5 c. à soupe d'huile d'olive
- Le jus de 1/2 citron
- Herbes de Provence

PRÉPARATION
20 min

CUISSON
12 min

1 Faites cuire le boulgour dans un grand volume d'eau.

2 Coupez le concombre, le poivron, la courgette et la feta en petits cubes. Coupez les tomates cerises en deux.

3 Dans un bol, mélangez l'huile et le jus de citron. Salez et poivrez.

4 Dans un grand bol, déposez un lit de boulgour, puis rangez les légumes et la feta dessus.

5 Parsemez d'oignon haché et d'herbes de Provence. Servez accompagné de l'huile citronnée.

C'EST PRÊT !

AVIS

« Excellente recette pour un barbecue estival. Pensez juste à faire griller et dégorger le concombre au gros sel pour plus de goût. »
Geronimo21

ASTUCE

Ajoutez 1 c. à soupe de vinaigre balsamique blanc à la sauce.

Salade de petits pois au mesclun

1 Écossez les petits pois.

2 Lavez le mesclun. Lavez et coupez les radis en fines rondelles. Lavez et ciselez la ciboulette, l'aneth et le persil plat.

3 Préparez l'assaisonnement : dans un saladier, mélangez tous les ingrédients, poivrez bien (inutile de saler, la sauce soja l'est déjà).

4 Incorporez les petits pois, les rondelles de radis, le mesclun et les herbes. Mélangez et servez.

C'EST PRÊT !

AVIS

« Délicieuse ! Nous avons ajouté à la fin un mélange de noix grillées et salées. »
Nidia_nm

ASTUCE

Prenez des petits pois dont les gousses sont lisses et fermes, sans taches, et plutôt de petite taille : les pois ont alors un petit goût de noisette délicieux.

RECETTE PROPOSÉE PAR Claire_Marmiton

Très facile
€ Moyen

4 PERSONNES

- 1 kg de petits pois frais
- 150 g de mesclun + 4 gros radis
- 1/2 bouquet de ciboulette
- 1/2 bouquet de persil plat
- 2 c. à soupe d'aneth
- 2 c. à soupe de fromage blanc
- 2 c. à soupe d'huile de noix
- 1/2 citron jaune
- 1 c. à café de moutarde en grains
- 1 c. à café de sauce soja

PRÉPARATION
30 min

Salade de cabillaud au yaourt

RECETTE PROPOSÉE
PAR pitchoune

Très facile
€ Moyen

4 PERSONNES

- 600 g de cabillaud cuit
- 2 yaourts nature
- 1 à 2 oignons
- 1 bouquet de persil haché
- 2 citrons verts
- 1 c. à soupe de moutarde douce
- Quelques feuilles de salade

1 Détaillez le poisson en cubes suffisamment gros afin qu'il ne s'émiette pas. Ciselez le persil. Pelez les oignons et hachez-les.

2 Dans un bol, mélangez les yaourts, la moutarde, le persil et les oignons hachés.

3 Tapissez un plat de feuilles de salade. Ajoutez les cubes de poisson et nappez de sauce.

4 Dégustez bien frais avec un filet de jus de citron pour parfumer le tout.

C'EST PRÊT !

ASTUCE

Utilisez des échalotes à la place de l'oignon pour une saveur plus douce, ou faites tremper l'oignon émincé une dizaine de minutes dans de l'eau tiède pour adoucir son goût.

PRÉPARATION
15 min

AVIS

“ Très bonne recette, même sur du poisson chaud ! ”
mtpgirl13

Salade tropicale de crevettes à l'ananas

RECETTE PROPOSÉE PAR Tiloui

Très facile
€ Bon marché

8 PERSONNES

- 400 g de crevettes décortiquées (ou 1 kg de crevettes entières)
- 1/3 de concombre
- 1/2 ananas frais
- 1 poivron rouge
- 2 oignons
- 2 avocats
- 1 piment
- 2 branches de coriandre

POUR L'ASSAISONNEMENT :
- 4 c. à soupe de jus d'orange
- 3 c. à soupe de jus de citron
- 2 c. à soupe d'huile d'olive
- 2 c. à café de sel
- 1 c. à café de poivre noir

1 Épluchez et épépinez le concombre. Enlevez la peau de l'ananas et ôtez la partie centrale. Épluchez les oignons.

2 Coupez l'ananas, le poivron et le concombre en petits dés. Coupez les oignons en lanières et hachez finement le piment. Mélangez le tout, ajoutez les crevettes et mettez au frais.

3 Mélangez les ingrédients de l'assaisonnement.

4 Ciselez les feuilles de coriandre. Épluchez et dénoyautez les avocats. Coupez la chair en gros dés.

5 Rassemblez tous les ingrédients dans un saladier et mélangez bien.

C'EST PRÊT !

PRÉPARATION
25 min

AVIS

“ J'ai adapté la recette en remplaçant l'ananas par de la mangue et en ajoutant des tomates cerises et du surimi : tout le monde a apprécié ! ”

Eric_358

Salade de riz aux poissons et crevettes

RECETTE PROPOSÉE
PAR emma_14875495

Facile
€ Un peu cher

4 PERSONNES

- 300 g de poisson blanc (lotte, cabillaud…)
- 300 g de saumon (filet ou darne)
- 200 g de crevettes roses
- 2 verres de riz
- 2 échalotes fines
- 1 bouquet de persil ou de ciboulette
- 1 cube de court-bouillon

POUR L'ASSAISONNEMENT :

- 1 c. à soupe de moutarde forte
- Le jus d'1 citron
- Huile d'olive
- Sel et poivre

1. Faites cuire les poissons 15 min au court-bouillon. Dans le même temps, faites cuire le riz. Égouttez le poisson et le riz et laissez-les refroidir.
2. Pendant la cuisson du riz, émincez les échalotes. Ciselez le persil (ou la ciboulette).
3. Émiettez les poissons (prenez soin de retirer les arêtes) et mélangez-les avec le riz, les crevettes, les échalotes et le persil.
4. Préparez l'assaisonnement : fouettez la moutarde avec l'huile d'olive et le jus de citron, salez et poivrez.
5. Incorporez la sauce à la salade. Réservez au frais au moins 1 h avant de servir.

C'EST PRÊT !

ASTUCE

Cette salade peut aussi bien constituer une entrée qu'un plat principal.

PRÉPARATION
15 min

REPOS
1 h

CUISSON
15 min

AVIS

« Très bonne, cette salade estivale et fraîche !
Ne pas hésiter à faire pas mal de sauce dans un bol à part, et chacun se sert selon son goût. »

Marjorie987654

Incontournable, inratable, légère à souhait…
la soupe est LA recette qu'il vous faut !
Idéale pour le repas du soir, elle est nourrissante,
réconfortante et permet de faire le plein
de légumes et de vitamines en une assiette.
Parfaite en toutes circonstances donc. Juste un conseil :
pour lui garder son caractère « light »,
évitez juste d'ajouter plein de crème,
de fromage râpé et de croûtons sur le dessus… ;)

Les soupes

Un bon bol de réconfort !

Soupe de poireaux au citron et au curry

RECETTE PROPOSÉE
PAR Catherine_1709

Très facile
€ Bon marché

4 PERSONNES

- 4 poireaux
- 2 oignons
- 1 pomme de terre
- 1 cube de bouillon de légumes
- 15 cl de lait
- 1 c. à café de curry doux
- 1 c. à soupe de jus de citron
- 1 filet d'huile d'olive
- Sel et poivre

1 Nettoyez et coupez les poireaux en rondelles. Épluchez la pomme de terre et coupez-la en cubes. Épluchez et hachez les oignons.

2 Dans une casserole sur feu doux, faites revenir les poireaux, les oignons et la pomme de terre dans un filet d'huile pendant 5 min.

3 Mouillez avec 75 cl d'eau et ajoutez le cube de bouillon. Laissez cuire 20 min.

4 Ajoutez le lait et le curry doux et mixez.

5 Ajoutez le jus de citron, salez et poivrez. Mélangez et servez.

C'EST PRÊT !

PRÉPARATION
20 min

CUISSON
25 min

AVIS

“ Je n’ai mis qu’un oignon et du curcuma, c’était très bon ! ”
lamontmartroise

Pho aux légumes

RECETTE PROPOSÉE
PAR Laurence_165

Facile
€ Bon marché

6 PERSONNES

- 2 carottes
- 1 branche de céleri
- 1 céleri-rave
- 4 oignons nouveaux
- 70 g d'épinards
- 1 poignée de champignons noirs
- 5 cubes de bouillon de légumes
- 2 morceaux de gingembre frais
- 1 c. à café de cassonade
- 3 c. à soupe de sauce soja
- 5 graines de coriandre en poudre

1 Préparez le bouillon : faites fondre les cubes dans 2,5 l d'eau bouillante.

2 Pelez les carottes et les céleris, coupez-les en fins bâtonnets. Pelez les oignons et taillez-les en fines rondelles.

3 Lavez les épinards. Coupez les champignons en rondelles. Émincez le gingembre frais.

4 Incorporez les légumes au bouillon. Mélangez bien.

5 Ajoutez la cassonade, la sauce soja, la coriandre et le gingembre en poudre. Mélangez bien.

6 Faites cuire 30 min sur feu doux.

C'EST PRÊT !

ASTUCE
Servez avec du piment vert frais émincé et des quartiers de citron vert.

PRÉPARATION
25 min

CUISSON
30 min

AVIS

“ Délicieux et revigorant. ”

Helene256

Velouté de fanes de radis

Très facile
€ Bon marché
4 PERSONNES

- 2 bottes de fanes de radis
- 5 ou 6 radis
- 2 pommes de terre
- 20 cl de crème légère ou de fromage blanc
- 2 cubes de bouillon de légumes
- 1 oignon
- 1 noix de beurre
- Sel et poivre

1 Lavez les radis et coupez-les en fines rondelles. Lavez les fanes, essorez-les. Pelez les pommes de terre et coupez-les en cubes. Épluchez et hachez l'oignon.

2 Dans une cocotte, faites revenir les fanes de radis et l'oignon à feu doux avec le beurre. Au bout de 3 min, ajoutez les pommes de terre et mélangez 2 ou 3 min.

3 Ajoutez 1 l d'eau chaude et émiettez les cubes de bouillon. Portez à ébullition et laissez mijoter 20 min à feu doux. Mixez.

4 Ajoutez les radis préalablement lavés et taillés en fines rondelles et ajoutez la crème. Servez bien chaud avec du pain et du beurre.

C'EST PRÊT !

ASTUCE

Vous pouvez ajouter les feuilles d'une botte de persil en même temps que les fanes de radis.

PRÉPARATION
10 min

CUISSON
25 min

AVIS

“ J'ai remplacé les pommes de terre par 2 petits navets. C'était vraiment excellent, merci. ”
Badgisa

Soupe légère aux brocolis

RECETTE PROPOSÉE
PAR laura_15298427

Facile
€ Bon marché

6 PERSONNES

- 750 g de brocoli
- 1 oignon
- 1,4 l de bouillon de volaille dégraissé
- 1 c. à soupe d'huile d'olive
- 30 g de pignons (facultatif)

1 Épluchez et émincez l'oignon. Faites chauffer l'huile d'olive dans un fait-tout, à feu moyen. Ajoutez l'oignon et faites-le fondre (il doit devenir translucide, sans trop dorer). Versez le bouillon et portez à ébullition.

2 Pendant ce temps, nettoyez le brocoli. Détachez les bouquets et émincez la tige en petits morceaux pour une cuisson plus rapide (pelez éventuellement les morceaux les plus durs).

3 Quand le bouillon bout, ajoutez-y la tige de brocoli. Couvrez, portez à ébullition et laissez mijoter 15 minutes à feu doux.

4 Ajoutez les bouquets, mélangez, couvrez et laissez mijoter 10 min, jusqu'à ce que les bouquets soient tendres et s'écrasent bien à la cuillère.

5 Hors du feu, mixez et ajoutez éventuellement les pignons. Salez si nécessaire, et servez chaud.

C'EST PRÊT !

PRÉPARATION
15 min

CUISSON
30 min

AVIS

« Très bon ! C'est plus un velouté qu'une soupe. J'ai ajouté un bouquet garni et j'ai mis un mélange de graines de tournesol, courges et pignons. À refaire ! »
mouchoirdepoche

Soupe d'orties aux deux pommes

RECETTE PROPOSÉE
PAR kenzo_14489506

Très facile
€ Bon marché

4 PERSONNES

- 500 g d'orties fraîches
- 3 pommes de terre
- 1 pomme
- 3 carottes moyennes
- 1 oignon
- 1 gousse d'ail
- 1 morceau de pain rassis
- 2 c. à soupe d'huile d'olive
- Sel et poivre

PRÉPARATION
10 min

CUISSON
30 min

1 Émincez l'oignon et faites-le revenir dans un fait-tout avec l'huile d'olive.

2 Pelez et coupez en rondelles les pommes de terre et les carottes. Coupez la pomme en morceaux (sans la peler) et faites-la légèrement caraméliser avec les oignons. Épluchez et hachez l'ail.

3 Ajoutez le bouquet d'orties et faites-le fondre. Ajoutez ensuite le pain rassis, l'ail, les carottes et les pommes de terre. Couvrez et laissez cuire 5 min, puis ajoutez enfin 1/2 litre d'eau.

4 À mi-cuisson, ajoutez un autre demi-litre d'eau. Laissez la cuisson se terminer, puis mixez.

C'EST PRÊT !

AVIS

« Vraiment onctueuse et succulente ! »
alice_14948021

ASTUCE

Choisissez des orties jeunes, pour éviter l'amertume et n'utilisez que les têtes les plus tendres. La pomme apporte une touche de sucre, et le pain de l'onctuosité.

Bouillon express aux oignons nouveaux

1 Dans une casserole, faites revenir l'ail haché et les tiges d'oignon ciselées dans un filet d'huile d'olive. Ajoutez les tomates coupées en petits morceaux. Poivrez, salez peu et ajoutez le cube de bouillon, puis 4 bols d'eau.

2 Faites cuire 5 min à petits bouillons, puis ajoutez les vermicelles et le parmesan et prolongez la cuisson de 3 min.

3 Ajoutez le persil plat ciselé. Servez bien chaud avec du pain grillé.

C'EST PRÊT !

RECETTE PROPOSÉE PAR Julie_Bzh

Facile
€ Bon marché

4 PERSONNES

- 8 oignons nouveaux (ou 2 à 3 oignons blancs)
- 2 gousses d'ail
- 2 tomates
- 6 c. à soupe de vermicelles
- 2 c. à soupe de parmesan râpé (facultatif)
- 1 cube de bouillon bio sans sel
- Quelques brins de persil plat

PRÉPARATION 5 min

CUISSON 10 min

ASTUCE

Ce bouillon préparé en un clin d'œil est délicieux pour le soir, léger mais nourrissant selon la quantité de vermicelles que vous y mettrez.

Velouté de courges au gingembre

RECETTE PROPOSÉE
PAR elena_13708171

Facile
€ Bon marché

4 PERSONNES

- 1/2 courge butternut
- 2 cm de gingembre
- 1/2 potimarron
- 2 oignons
- 1 pomme de terre
- 5 gousses d'ail
- 20 cl de lait
- 1/2 c. à café de curry
- 1/2 c. à café de paprika
- 1 c. à soupe d'huile d'olive
- Sel

1 Pelez et émincez les oignons. Faites-les dorer dans un fait-tout avec l'huile.

2 Pelez et épépinez la courge butternut et le potimarron. Pelez la pomme de terre. Coupez le tout en petits cubes et ajoutez-les dans le fait-tout avec les oignons. Couvrez d'eau. Salez.

3 Ajoutez le gingembre pelé et coupé en lamelles ainsi que les gousses d'ail coupées en deux. Laissez cuire 30 min.

4 Ajoutez le lait, le curry et le paprika. Mixez.

C'EST PRÊT !

ASTUCE
Ajoutez de la coriandre ciselée au moment de servir.

PRÉPARATION
15 min

CUISSON
45 min

AVIS

« Délicieux. J'ai pris un potimarron bio, pas besoin de l'éplucher. J'ai coupé la butternut en gros morceaux et précuite 2 min à la vapeur, ce qui facilite l'épluchage. Puis 10 min à la Cocotte-Minute, c'était prêt. » Helene256

Soupe de légumes poêlés

RECETTE PROPOSÉE
PAR RoroMaite

Très facile
€ Bon marché

4 PERSONNES

- 3 carottes
- 3 grosses pommes de terre
- 1 tomate
- 1 poireau
- 1 oignon
- 1 cube de bouillon de volaille
- 3 c. à soupe d'huile d'olive
- Sel et poivre

1 Épluchez, lavez et coupez en morceaux les carottes, les pommes de terre et le poireau. Épluchez l'oignon et coupez-le en rondelles. Coupez la tomate en quartiers.

2 Dans une cocotte, faites revenir les carottes, les pommes de terre et le poireau avec l'huile, et deux grosses pincées de sel, pendant 10 min.

3 Ajoutez l'oignon et laissez sur le feu encore 5 min en remuant régulièrement. Recouvrez les légumes d'eau, portez à ébullition, puis ajoutez le cube de bouillon et les quartiers de tomate. Salez et poivrez.

4 Couvrez et laissez cuire 30 min à feu doux.

5 Mixez le tout jusqu'à obtenir un mélange homogène.

C'EST PRÊT !

PRÉPARATION
20 min

CUISSON
45 min

AVIS

“ Superbe recette, je me suis permis d'ajouter 1 courgette et 1 c. à café de cumin. C'était un délice. À refaire sans attendre ! ”

Pripri78

Velouté d'asperges

RECETTE PROPOSÉE
PAR romina_15372639

Facile
€ Bon marché

4 PERSONNES

- 400 g d'asperges vertes fraîches ou en boîte
- 2 navets
- 1 oignon
- 1 branche de persil
- 1/2 cube de bouillon
- 20 cl de lait

1 Pelez les navets et l'oignon. Coupez-les en morceaux.

2 Mettez tous les ingrédients (sauf le lait) dans 75 cl d'eau bouillante. Faites cuire 20 min.

3 Mixez le tout, puis ajoutez le lait.

C'EST PRÊT !

PRÉPARATION
5 min

CUISSON
20 min

AVIS

“ Très bon velouté et facile à faire. J'ai juste filtré le velouté avec un chinois, pour qu'il n'y ait pas de fils... ”

gisele_402

Soupe indienne à la tomate

RECETTE PROPOSÉE
PAR Ptinem

Très facile
€ Moyen

4 PERSONNES

- 800 g de tomates
- 1 morceau de 2 cm de gingembre
- 3 échalotes
- 2 gousses d'ail
- 1 bâton de cannelle
- 3 gousses de cardamome
- 2 clous de girofle
- 3 g de curcuma
- 2 g de piment en poudre
- 35 g de ghee ou beurre clarifié (ou huile de tournesol)
- 6 brins de coriandre
- 1 brin de thym
- Sel

1 Coupez les tomates en quartiers. Épluchez les échalotes et 1 gousse d'ail. Émincez-les finement.

2 Épluchez le gingembre et la 2e gousse d'ail. Mixez-les pour obtenir une pâte (ajoutez un peu d'eau si nécessaire).

3 Faites chauffer le ghee dans une grande sauteuse. Ajoutez la cannelle, la cardamome et les clous de girofle. Remuez 5 min.

4 Ajoutez la pâte gingembre-ail, les échalotes et l'ail émincés. Faites revenir 5 min sans laisser brunir.

5 Ajoutez le piment, le curcuma et le thym effeuillé. Remuez quelques instants, puis ajoutez les quartiers de tomate.

6 Couvrez d'eau et salez. Au bout de 15 min environ, une fois les tomates cuites, filtrez. Servez tiède, parsemé de coriandre ciselée.

C'EST PRÊT !

ASTUCE

Remplacez les tomates fraîches par une boîte de tomates pelées au jus. Dans ce cas, n'ajoutez pas d'eau à l'étape 4 et réduisez la cuisson de 5 min.

PRÉPARATION
15 min

CUISSON
25 min

AVIS

“ Je préfère ne pas mixer cette soupe, les saveurs éclatent davantage en bouche. ”

Hariele

Soupe blanche d'automne

RECETTE PROPOSÉE
PAR elena_17642467

Très facile
€ Bon marché

4 PERSONNES

- 2 pâtissons moyens
- 4 grosses endives
- 5 fonds d'artichaut (surgelés ou au naturel)
- 1 panais
- 2 c. à soupe de crème légère
- 2 feuilles de laurier
- 10 grains de coriandre
- 10 baies roses
- Sel

1 Lavez, épluchez et détaillez en morceaux tous les légumes. Placez-les dans une cocotte et couvrez d'eau à hauteur. Ajoutez les baies roses, quelques graines de coriandre et le laurier. Salez légèrement.

2 Portez à ébullition, puis baissez le feu et laissez mijoter environ 20 min.

3 Quand les légumes sont cuits (tendres), mixez avec la crème.

C'EST PRÊT !

ASTUCE
Si vous le souhaitez, ajoutez un peu de parmesan râpé au moment de servir.

PRÉPARATION
10 min

CUISSON
20 min

Soupe indienne de légumes

RECETTE PROPOSÉE
PAR cendri

Très facile
€ Bon marché

6 PERSONNES

- 350 g de chou-fleur
- 1 grosse pomme de terre
- 15 g de gingembre frais
- 6 gousses d'ail
- 4 oignons
- 1 l de bouillon de volaille
- 1 c. à soupe de crème fraîche légère ou de fromage blanc
- 3 c. à café de coriandre en poudre
- 1 c. à café de curcuma
- 2 c. à café de cumin
- 2 c. à soupe d'huile d'olive
- Sel

1 Épluchez et hachez l'ail, les oignons et le gingembre. Pelez la pomme de terre et émincez-la finement. Lavez le chou-fleur, puis détaillez-le en petits bouquets.

2 Dans une casserole, faites revenir tous ces ingrédients avec l'huile d'olive. Ajoutez la coriandre, le curcuma, le cumin et du sel, puis remuez 1 à 2 min.

3 Couvrez avec le bouillon de volaille, portez à ébullition et laissez cuire 20 min. Incorporez de l'eau en cours de cuisson si vous souhaitez une soupe plus liquide.

4 Ajoutez la crème fraîche (ou le fromage blanc), mélangez et servez.

C'EST PRÊT !

ASTUCE
Mixez tout ou une partie de la soupe avant de servir.

PRÉPARATION
15 min

CUISSON
25 min

AVIS

“ Je présente cette soupe avec du yaourt brassé nature que chacun met dans son assiette à volonté. ”

Chantal_18

Velouté de chou-fleur aux Saint-Jacques

RECETTE PROPOSÉE
PAR Bigfred59

Facile
€ Un peu cher

4 PERSONNES

- 350 g de chou-fleur
- 1 pomme de terre
- 10 cl de lait
- 4 à 8 noix de Saint-Jacques
- Muscade
- Persil
- 1 noix de beurre
- Sel et poivre

1 Faites cuire le chou-fleur et la pomme de terre à l'eau salée pendant 15 min.

2 Égouttez et terminez la cuisson avec le lait, le sel et le poivre.

3 Mixez le tout et ajoutez la muscade. Rectifiez l'assaisonnement si besoin.

4 Poêlez les Saint-Jacques à la poêle dans le beurre, 2 min de chaque côté.

5 Présentez le velouté dans de petites coupelles individuelles surmontées d'1 ou 2 noix de Saint-Jacques.

C'EST PRÊT !

ASTUCE

Ce délicieux velouté peut aussi bien être servi en entrée qu'en plat ! Adaptez simplement les quantités.

PRÉPARATION
5 min

CUISSON
20 min

AVIS

“ Hyper original, hyper fin, hyper bon ! ”

Alex_7520

Soupe au fenouil et à la courgette

RECETTE PROPOSÉE PAR Marine_304

Très facile
€ Bon marché

6 PERSONNES

- 1 fenouil
- 2 courgettes
- 1 pomme de terre
- 2 carrés de fromage frais
- Sel et poivre

PRÉPARATION 15 min

CUISSON 40 min

1 Épluchez et hachez l'oignon. Lavez le fenouil et émincez-le. Faites revenir le tout à feu doux pendant 10 min dans un fait-tout.

2 Pendant ce temps, épluchez et coupez la pomme de terre en petits morceaux. Lavez et coupez grossièrement les courgettes.

3 Ajoutez les morceaux de courgette et de pomme de terre dans la casserole. Mouillez d'eau à hauteur et couvrez. Laissez cuire à feu moyen pendant 30 min.

4 Ajoutez les carrés de fromage frais, puis mixez.

C'EST PRÊT !

AVIS

« Très bon... Bien mixer le fenouil pour ne pas avoir de fils. J'ai ajouté 1 cube de bouillon. »
Frederic_678

Gaspacho de concombre et laitue

1 Épluchez le concombre, coupez-le en dés de taille moyenne. Pressez le demi-citron.

2 Lavez les feuilles de laitue et coupez-les en grosses lanières (pensez à retirer la partie blanche lorsqu'elle est trop dure).

3 Dans un robot, mixez le concombre, la laitue, le yaourt, le jus de citron, la menthe et la coriandre. Salez et poivrez.

4 Filtrez le gaspacho à travers une passoire, puis laissez reposer au frais jusqu'au moment de servir.

C'EST PRÊT !

RECETTE PROPOSÉE PAR djebel59

Très facile
€ Bon marché

4 PERSONNES

- 1 concombre
- 15 feuilles de laitue
- 1/2 citron
- 1 yaourt nature brassé
- 6 feuilles de menthe
- 5 brins de coriandre

AVIS

« Vraiment rapide et sympa. La menthe apporte un goût très agréable et je n'ai pas mis de coriandre, mais j'ai ajouté un peu d'huile d'olive pour donner du goût. Miam ! »
maulwurf

ASTUCE

Ajoutez une cuillerée à café de sucre si la saveur vous paraît un peu trop acide.

PRÉPARATION
10 min

REPOS
1 h

Gaspacho

RECETTE PROPOSÉE
PAR julia_13942171

Très facile
€ Bon marché

4 PERSONNES

- 6 tomates mûres
- 1 concombre
- 1 poivron rouge
- 1 poivron jaune
- 2 oignons
- 1 gousse d'ail
- 3 à 4 citrons (selon votre goût)
- 6 c. à soupe de vinaigre (idéalement de Xérès)
- 5 à 10 cl d'huile d'olive
- Basilic
- Piment en poudre
- Poivre et sel
- 1 verre d'eau

1 Lavez les légumes et pelez le concombre. Épépinez les poivrons. Épluchez l'ail et l'oignon.

2 Mixez tous les ingrédients en une ou plusieurs fois (selon la capacité de votre mixeur), en prenant bien soin de réduire en purée l'ail et l'oignon.

3 Ajoutez de l'eau si la mixture est trop épaisse, puis l'huile d'olive, le vinaigre, le jus de citron et le basilic. Salez et poivrez.

4 Mélangez bien et mettez au frais au moins 1 heure.

C'EST PRÊT !

ASTUCE

Pour une préparation sans pulpe, filtrez le gaspacho au travers d'une passoire fine. Vous pouvez ajouter un peu de pain rassis pour apporter de l'onctuosité et diminuer un peu la quantité d'huile d'olive.

PRÉPARATION
15 min

REPOS
1 h

AVIS

" Fantastique recette. Je pèle tout et je mets du sel de Camargue aromatisé finement. Le tout une nuit au frigo, et hop ! Un régal. "
Cathecici

Soupe froide au yaourt et à l'aneth

RECETTE PROPOSÉE
PAR lily_15477596

Très facile
€ Bon marché

4 PERSONNES

- 2 yaourts grecs
- 100 g de riz blanc
- 1 gousse d'ail
- 1 cube de bouillon de volaille
- 6 brins d'aneth
- 25 g de beurre
- Sel et poivre

1 Faites cuire le riz de 15 à 18 min dans une casserole d'eau bouillante salée. Égouttez-le.

2 Épluchez, dégermez et pressez l'ail. Faites-le revenir 30 sec environ dans une casserole avec le beurre.

3 Ajoutez le cube de bouillon préalablement émietté, 15 cl d'eau et le riz égoutté. Laissez chauffer de 1 à 2 min.

4 Dans un saladier, fouettez les yaourts pour obtenir un mélange lisse. Salez et poivrez. Versez le contenu de la casserole par-dessus et remuez.

5 Ajoutez l'aneth préalablement lavé et ciselé, puis placez 1 h au frais.

C'EST PRÊT !

ASTUCE

Ajoutez des glaçons dans la soupe si vous souhaitez en accélérer le refroidissement.

PRÉPARATION
10 min

REPOS
1 h

CUISSON
20 min

AVIS

“ C’est un très bon plat, surtout en guise de dîner après un déjeuner un peu copieux. ”

Emilie_98

Velouté glacé petits pois et menthe

RECETTE PROPOSÉE
PAR Funkybrewster

Très facile
€ Moyen

4 PERSONNES

- 600 g de petits pois frais
- 2 yaourts nature
- 2 c. à soupe de menthe hachée (+ quelques brins pour la déco)
- 1 gousse d'ail
- 1 cube de bouillon de légumes
- Sel et poivre

1 Dans une casserole, faites cuire les petits pois 15 min dans de l'eau bouillante avec le bouillon de légumes.

2 Égouttez les petits pois en conservant un peu de bouillon. Placez ce dernier au réfrigérateur.

3 Plongez les petits pois dans un saladier d'eau glacée, pour qu'ils conservent leur couleur.

4 Réservez 4 c. à soupe de petits pois ; mixez le reste avec les yaourts, la menthe, l'ail et le bouillon refroidi.

5 Filtrez la préparation au chinois ou à travers une passoire fine. Salez, poivrez. Placez au réfrigérateur au moins 30 min.

6 Servez dans des bols, décorez avec les petits pois réservés et un brin de menthe.

C'EST PRÊT !

PRÉPARATION
15 min

REPOS
30 min

CUISSON
15 min

AVIS

“ J'ai utilisé des petits pois en boîte que j'ai fait réchauffer 5 min dans leur jus. C'était rapide et délicieux ! ”

Célinette_156

Soupe froide tomate-pastèque

RECETTE PROPOSÉE
PAR lenangell

Très facile
€ Bon marché

4 PERSONNES

- 1/4 de pastèque
- 3 tomates
- 1/2 bouquet de basilic
- 2 c. à soupe de vinaigre balsamique
- 1 pincée de sucre (facultatif)
- 1/2 concombre

1 Coupez les tomates et la chair de la pastèque en dés. Ciselez le basilic. Mixez tous les ingrédients. Salez.

2 Placez au frais au moins 30 min.

3 Servez avec des dés de concombre et quelques herbes ciselées.

C'EST PRÊT !

ASTUCE

Ajoutez quelques lamelles de piment frais si vous aimez les saveurs relevées.

PRÉPARATION
10 min

AVIS

“ Surprise ! Désaltérant, rafraîchissant et très bon. Idéal pour les midis de canicule ! Troquez le basilic pour de la menthe, le résultat est top ! ”
ZoubZoubZoubida71

Pique-nique, lunch-box, buffet, plateau télé...
Vous allez multiplier les occasions de réaliser ces recettes. C'est le constat auquel nous sommes parvenus à l'issue de cette sélection de recettes. Elles sont toutes tellement appétissantes qu'il va bien falloir trouver une opportunité pour les réaliser (et les manger !). On vous aura prévenus, tournez la page à vos risques et périls... risque de faim imminente très élevé ! ;)

Sur le pouce

Les petites faims healthy

Tartines avocat, ricotta, sésame, pignons de pin

RECETTE PROPOSÉE
PAR Elisa_219

Très facile
€ Moyen

2 PERSONNES

- 2 tranches de pain semi-complet ou de campagne
- 1 avocat
- 1 pot de ricotta
- 1 gousse d'ail
- 1 c. à soupe de graines de sésame
- 1 c. à soupe de pignons de pin
- Le jus d'1/2 citron
- Herbes de Provence
- 1 filet d'huile d'olive

1 Préchauffez le four à 220 °C (th. 7-8).

2 Sur la grille recouverte de papier d'aluminium, déposez les tranches de pain et passez-les 5 min au four.

3 Frottez la gousse d'ail coupée en deux sur le pain. Tartinez de ricotta, parsemez d'herbes de Provence, puis disposez dessus l'avocat coupé en fines tranches.

4 Arrosez d'un filet de jus de citron, d'huile, puis enfournez pour 5 min de plus (vous pouvez éteindre le four, la chaleur suffira pour la fin de la cuisson.)

5 Salez (fleur de sel de préférence) et ajoutez des graines de sésame, des pignons de pin. Servez éventuellement avec des fèves crues à tremper dans la fleur de sel.

C'EST PRÊT !

PRÉPARATION
5 min

CUISSON
10 min

AVIS

“ Je n'avais jamais goûté l'avocat chaud. J'ai ajouté du sel, du poivre, de l'ail en semoule et un filet d'huile d'olive. C'est parfait ! ”

vivill61

Makis avocat-concombre

RECETTE PROPOSÉE
PAR Adeline_601

Facile
€ Bon marché

3 rouleaux

- 1 avocat
- 1/4 de concombre
- 100 g de riz
- 1 feuille de nori
- 60 g de fromage frais
- 10 cl de vinaigre de riz
- 1 morceau de sucre
- Sel

1 Pelez l'avocat et le concombre. Détaillez-les en bâtonnets.

2 Faites-y cuire le riz 10 à 15 min. Lorsqu'il est cuit, ajoutez le vinaigre de riz et le sucre. Salez.

3 Posez une grande feuille d'algue (nori) sur une natte en bambou. Étalez-y une fine couche de riz, en laissant une marge de 2 cm sur le haut.

4 Couvrez de fromage frais puis disposez les bâtonnets de légumes dans la longueur de la feuille.

5 Mouillez légèrement le haut de la feuille (la marge ménagée) et roulez le tout bien serré. Placez au frais jusqu'au moment de servir, éventuellement roulé dans du film alimentaire.

6 À l'aide d'un couteau bien aiguisé, coupez le rouleau en huit et servez aussitôt. Dégustez avec de la sauce soja.

C'EST PRÊT !

PRÉPARATION
30 min

CUISSON
15 min

AVIS

« Le fromage frais apporte une touche de fraîcheur, et pour les personnes n'aimant pas la sauce, c'est une bonne solution ! »

ZoeMagali15

Wraps avocats-crevettes

RECETTE PROPOSÉE
PAR Kaela16

Facile
€ Bon marché

4 PERSONNES

- **4 tortillas de blé**
- **300 g de crevettes roses cuites**
- **3 avocats bien mûrs**
- **100 g de fromage frais à tartiner**
- **Quelques brins de ciboulette**

1 Lavez et ciselez la ciboulette. Pelez les avocats et coupez la chair en cubes. Décortiquez les crevettes et coupez-les en morceaux.

2 Tartinez les tortillas de fromage frais.

3 Répartissez la ciboulette ciselée, les cubes d'avocats et les morceaux de crevettes sur chaque tortilla.

4 Roulez les tortillas et entourez-les avec du film alimentaire. Placez 1 h au réfrigérateur.

5 Ôtez le film alimentaire, tranchez les extrémités des wraps à l'aide d'un couteau cranté.

6 Découpez chaque wrap en tronçons en les maintenant pour qu'ils ne s'ouvrent pas. Piquez chaque tronçon d'une pique.

C'EST PRÊT !

ASTUCE
Ajoutez une pointe de curry dans le fromage frais.

PRÉPARATION
30 min

CUISSON
1 h

AVIS

« Délicieux !! Ne pas hésiter à poivrer, épicer, citronner le fromage frais avant de l'étaler sur le wrap. »

lise_14686420

Flans de carottes

Facile
€ Moyen

6 PERSONNES

- 3 carottes
- 2 œufs
- 65 g de petits-suisses
- 25 g de fécule de pomme de terre
- 45 g de gruyère râpé
- 6 brins de persil
- 1 noix de beurre
- Sel et poivre

1 Préchauffez le four à 190 °C (th. 6-7).

2 Épluchez et coupez les carottes en petits cubes. Faites-les cuire environ 20 min dans une casserole d'eau bouillante salée et poivrée, jusqu'à ce qu'elles soient tendres.

3 Égouttez-les et réduisez-les en purée.

4 Dans un saladier, fouettez les œufs avec les petits-suisses, la fécule, le gruyère et le persil préalablement lavé et haché.

5 Mélangez la crème obtenue et la purée de carottes. Rectifiez l'assaisonnement.

6 Beurrez 6 ramequins, versez-y la préparation et faites-la cuire au four dans un bain-marie pendant 35 à 40 min. Démoulez tiède.

C'EST PRÊT !

ASTUCE

Conservez quelques dés de carottes cuits et ajoutez-les à la préparation pour apporter une touche croquante. Vous pouvez ajouter un peu d'ail pour relever.

PRÉPARATION
20 min

CUISSON
1 h

AVIS

“ Super, j'ai remplacé le gruyère râpé par du roquefort, tout le monde a adoré. ”

julia_16459588

Fajitas aux légumes grillés et pois chiches

Très facile
€ Bon marché
4 PERSONNES

- 4 galettes tortillas souples
- 1 aubergine
- 2 poivrons rouges
- 1 petite boîte de pois chiches
- 4 c. à soupe d'huile d'olive
- 1 c. à café de cumin moulu
- Herbes de Provence
- Sel et poivre

1 Préchauffez le four à 180 °C (th. 6).

2 Coupez l'aubergine en rondelles. Épépinez le poivron et coupez-le en quartiers.

3 Faites revenir l'aubergine et le poivron 10 min à la poêle, à feu vif, dans un peu d'huile d'olive, en remuant régulièrement.

4 Pendant ce temps, égouttez les pois chiches. Dans un bol, mélangez l'huile d'olive et le cumin. Salez et poivrez. Mélangez aux pois chiches.

5 Faites réchauffer les galettes tortillas 10 min au four, puis garnissez-les avec les légumes grillés et les pois chiches. Servez aussitôt.

C'EST PRÊT !

ASTUCE

Vous pouvez utiliser des légumes grillés surgelés et des poivrons marinés en bocal. Nappez d'une sauce au fromage blanc additionnée d'un trait de jus de citron et d'une pointe de cumin.

PRÉPARATION
15 min

CUISSON
20 min

AVIS

“ Hyper facile et délicieux, un petit avant-goût de vacances au soleil ! Une délicieuse recette pour changer des fajitas classiques ! ”

ania 144

Galettes de poireaux

RECETTE PROPOSÉE PAR Agnès V

Facile
€ Bon marché

4 PERSONNES

- 4 poireaux
- 2 œufs
- 20 cl de lait
- 2 c. à soupe d'huile
- 6 c. à soupe de farine
- 1 pincée de muscade râpée
- Sel et poivre

1 Hachez finement les poireaux.

2 Fouettez les œufs avec 1 c. soupe d'huile, la farine, le lait et la muscade. Ajoutez les poireaux et mélangez. Ajoutez du lait si nécessaire. Salez et poivrez.

3 Faites cuire des petites crêpes de 5 mm d'épaisseur dans une poêle chaude huilée, à feu doux, environ 5 min par côté.

C'EST PRÊT !

ASTUCE

Servez avec une sauce au fromage blanc.

PRÉPARATION
10 min

CUISSON
10 min

AVIS

“ J'ai ajouté une cuillerée à café de levure. J'ai recouvert ma poêle d'un couvercle en verre et les crêpes ont gonflé et fait de petits trous, bien plus agréable en bouche ! ”
emmy_16240562

Tatin de légumes

RECETTE PROPOSÉE
PAR sophie0681

Facile
€ Bon marché

6 PERSONNES

- 1 rouleau de pâte feuilletée
- 1 courgette
- 3 poivrons de couleurs différentes
- 1/2 aubergine
- 50 g de parmesan râpé
- 1 oignon
- 3 c. à soupe d'huile d'olive
- 2 pincées d'herbes de Provence
- Sel et poivre

1 Pelez l'oignon et lavez les légumes, puis émincez-les. Dans une poêle, faites-les revenir 15 min à feu moyen avec l'huile d'olive. Salez et poivrez. Ajoutez les herbes de Provence et laissez cuire encore 5 min environ.

2 Préchauffez le four à 210 °C. Tapissez un moule à tarte d'une feuille de papier sulfurisé, puis étalez-y les légumes. Tassez à l'aide d'une cuillère pour aplanir le dessus.

3 Saupoudrez avec le parmesan, puis déposez la pâte feuilletée par-dessus en rentrant les bords à l'intérieur du moule. Piquez le fond avec une fourchette et enfournez pour 30 min.

4 À la sortie du four, démoulez en retournant la tarte sur un plat et servez chaud.

C'EST PRÊT !

ASTUCE

Vous pouvez remplacer la pâte feuilletée par une pâte brisée. Si vous utilisez des légumes surgelés, faites-les précuire à la casserole pour qu'ils rendent toute leur eau.

PRÉPARATION
20 min

CUISSON
50 min

AVIS

“ Succès garanti ! J'ai préparé les légumes la veille pour qu'ils soient bien confits. ”

Afternoontea

Quiche ratatouille fromage blanc

RECETTE PROPOSÉE
PAR Noem81

Très facile
€ Bon marché

4 PERSONNES

- 350-400 g de ratatouille
- 200 g de fromage blanc
- 1 rouleau de pâte brisée
- 2 œufs
- 50 g de gruyère râpé
- Paprika ou curry
- Herbes de Provence, basilic ou origan
- Beurre
- Sel et poivre

1 Préchauffez le four à 200 °C (th. 7).

2 Déroulez la pâte et garnissez-en un moule à tarte beurré. Recouvrez-la avec du papier sulfurisé et des légumes secs. Enfournez pour 5 min.

3 Dans un saladier, mélangez la ratatouille avec le fromage blanc, les œufs, les épices et les herbes de votre choix.

4 Retirez le papier sulfurisé et les légumes secs de la pâte et versez la préparation dessus. Parsemez de gruyère râpé. Salez et poivrez. Enfournez pour 30 min.

C'EST PRÊT !

ASTUCE

Si vous utilisez de la ratatouille surgelée, faites-la préalablement chauffer dans une poêle afin qu'elle rende un maximum d'eau et ne détrempe pas la pâte.

PRÉPARATION
10 min

CUISSON
35 min

AVIS

« Très bien, adaptable à toutes sortes de légumes. Pour une petite tarte, j'utilise la « pâte basta » de Marmiton, et seulement 1 yaourt bulgare et 1 œuf pour la garniture. C'est parfait ! »

lise_14100110

Pain toasté à la purée de fèves

RECETTE PROPOSÉE
PAR Françoise W

Facile
€ Bon marché

6 PERSONNES

- 1 kg de fèves surgelées pelées
- 3 c. à soupe de fromage frais
- 2 c. à soupe de persil haché
- 3 tomates
- 12 oignons nouveaux
- 6 belles tranches de pain (12 moyennes ou 18 petites)
- 1 bouquet d'aneth

1 Faites cuire les fèves 6 min à l'eau bouillante. Égouttez-les puis réduisez-les en purée. Incorporez le fromage frais et le persil ciselé. Salez et poivrez.

2 Pelez les tomates, épépinez-les et coupez-les en petits dés. Détaillez les oignons nouveaux en fines lamelles.

3 Étalez la purée de fèves sur les tranches de pain légèrement grillées et parsemez-les de dés de tomates, de lamelles d'oignon et d'aneth ciselé.

C'EST PRÊT !

ASTUCE
Ajoutez un piment vert doux émincé et remplacez l'aneth par de la menthe pour apporter du peps.

PRÉPARATION
10 min

CUISSON
6 min

AVIS

“ C’est très bon. J’en ai fait beaucoup et mis ensuite en conserve. Idéal pour les apéritifs improvisés. ”

camila_14511837

Galettes aux courgettes et tartines de chèvre

Facile
€ Bon marché

4 PERSONNES

- 1 courgette moyenne
- 200 g de chèvre frais
- 5 brins de ciboulette
- 1/2 baguette
- 1 noix de beurre
- 4 œufs
- 2 c. à soupe de farine
- 1 c. à soupe de chapelure
- Sel et poivre

1 Lavez et ciselez la ciboulette. Pelez et râpez la courgette.

2 Dans un saladier, battez les œufs en omelette. Ajoutez la courgette râpée, la ciboulette ciselée. Ajoutez 150 g de fromage de chèvre, la farine et la chapelure. Mélangez. Salez et poivrez.

3 Faites fondre le beurre dans une poêle, puis versez-y des louches de préparation, de façon à réaliser plusieurs galettes.

4 Laissez cuire quelques minutes à feu moyen, en retournant les galettes.

5 Détaillez la baguette en morceaux et faites-les griller. Tartinez-les avec le reste de chèvre frais.

C'EST PRÊT !

PRÉPARATION
10 min

CUISSON
15 min

Bowl d'hiver

RECETTE PROPOSÉE
PAR Marmiton

Très facile
€ Bon marché

1 BOWL

- 260 g de riz complet
- 1 avocat
- 2 carottes
- 1 poignée de choux de Bruxelles
- 1/2 citron
- 1 c. à soupe de sauce soja
- 1 c. à soupe d'huile de sésame

POUR LA MARINADE :

- 1 gousse d'ail
- 1/2 orange
- 1 c. à soupe de sauce soja
- 2 c. à soupe d'huile de sésame

1 Préchauffez le four à 200 °C (th. 7).

2 Pelez l'avocat, ôtez le noyau et détaillez-le en dés. Arrosez avec le jus du citron.

3 Pelez les carottes et coupez-les en bâtonnets. Lavez les choux de Bruxelles et coupez-les en deux.

4 Préparez la marinade. Pelez et hachez l'ail. Mélangez-le avec le jus de l'orange, la sauce soja et l'huile.

5 Placez les carottes et les choux de Bruxelles sur une plaque recouverte de papier sulfurisé et arrosez de marinade. Enfournez pour 30 min.

6 Pendant ce temps, faites cuire le riz dans une casserole d'eau bouillante salée.

7 Égouttez le riz et déposez-le au fond d'un bol, puis ajoutez les légumes. Arrosez de sauce soja et d'un filet d'huile.

C'EST PRÊT !

ASTUCE

Parsemez de graines de courge et ajoutez quelques feuilles de roquette.

PRÉPARATION
20 min

CUISSON
30 min

AVIS

“ Cette recette est surprenante : les saveurs se marient harmonieusement avec le fil du sésame et du soja. Parfait pour une soirée d'hiver où on a envie de changer des soupes ! ”
Madamedoudou

Poke bowls à la truite fumée

RECETTE PROPOSÉE
PAR Elfangor

Très facile
€ Moyen

4 BOWLS

- 200 g de riz
- 200 g de tomates cerises
- 2 avocats mûrs
- 1 kg de fèves en cosses
- 15 radis ronds
- 200 g de truite fumée
- 1 c. à soupe de sésame blanc
- 1 c. à soupe de sésame noir
- 1 c. à soupe de graines de lin
- 3 c. à soupe de vinaigre de riz
- 3 c. à soupe de sauce soja
- Wasabi

1. Écossez les fèves et faites-les cuire 15 min dans l'eau bouillante salée.
2. Dans le même temps, faites cuire le riz dans de l'eau bouillante salée. Laissez-le refroidir, puis ajoutez-y le vinaigre de riz.
3. Coupez les tomates cerises en deux, les avocats en dés et les radis en lamelles. Coupez la truite en lanières.
4. Dans 4 bols, répartissez le riz vinaigré, les légumes et les lanières de truite fumée, chacun sur un quart.
5. Mélangez les graines et saupoudrez-les sur le contenu des bols.
6. Mélangez la sauce soja avec du wasabi et servez-la avec les poke bowls.

C'EST PRÊT !

PRÉPARATION
15 min

CUISSON
30 min

Poke bowls à l'hawaïenne

RECETTE PROPOSÉE
PAR agathe_14661602

Facile
€ Moyen

4 BOWLS

- 600 g de dés de saumon cru
- 3 avocats
- 1 mangue (facultatif)
- 3 oignons avec tige
- 250 g de riz

POUR LA MARINADE :

- 1 bouquet de coriandre ciselée
- 5 cm de gingembre frais
- 2 c. à soupe d'huile de sésame
- 2 c. à soupe de sauce teriyaki
- 2 c. à soupe de vinaigre de riz
- 2 c. à soupe de graines de sésame
- 1 petite c. à café de piment de Cayenne

1 Faites cuire le riz dans un grand volume d'eau salée. Égouttez-le.

2 Pendant ce temps, préparez la marinade en mélangeant tous les ingrédients. Versez-la sur le saumon et mélangez bien.

3 Émincez finement les oignons. Ajoutez-les au saumon et mélangez bien. Placez au frais et laissez mariner au moins 1 h.

4 Dans 4 bols, répartissez le riz, puis la préparation saumon-avocat-mangue bien froide.

5 Saupoudrez de graines de sésame et décorez avec quelques feuilles de coriandre.

C'EST PRÊT !

ASTUCE

Pour une présentation encore plus esthétique, faites mariner le saumon à part ; émincez les avocats au dernier moment et disposez-les joliment sur le dessus des poke bowls.

PRÉPARATION
30 min

AVIS

« J'ai utilisé du tofu et du thon rouge : à chaque fois un régal ! »
Georges_Myaux

« Moi, faim ? Jamais ! » C'est ce que vous
répondrez à tous ceux qui s'en préoccuperont.
Car avec les recettes qui suivent, vous n'aurez pas faim
jusqu'au prochain repas. Ce n'est pas parce que
c'est léger que ce n'est pas nourrissant.
Un plat complet léger et délicieux, c'est donc
ce qu'on vous propose pour vous régaler
au quotidien. Alors, heureux ?

Les plats uniques

On se régale avec légèreté !

Chili verde (poulet au citron et au maïs)

RECETTE PROPOSÉE
PAR Patricia M

Très facile
€ Bon marché

6 PERSONNES

- 800 g de blancs de poulet
- 300 g de maïs en conserve
- 2 poivrons rouges
- 3 oignons blancs
- Le jus de 4 citrons verts
- 5 c. à soupe d'huile d'olive
- 2 c. à soupe de vinaigre
- 1 c. à café de cumin
- Sauce forte pimentée
- Sel et poivre

1 Coupez le poulet en grosses lanières. Faites-le mariner 2 h dans le jus des citrons, 2 c. à soupe d'huile. Salez et poivrez.

2 Rincez le maïs. Épépinez et détaillez les poivrons en lanières. Pelez et émincez les oignons en fines lamelles.

3 Faites chauffer le reste d'huile dans une cocotte et faites-y revenir les oignons, le poulet et les poivrons pendant 10 min, en remuant régulièrement.

4 Baissez le feu, ajoutez le maïs et arrosez de vinaigre.

5 Salez, poivrez et saupoudrez de cumin et d'un trait de sauce forte pimentée.

6 Couvrez et laissez mijoter 15 à 20 min à feu doux.

C'EST PRÊT !

CONSEIL

Servez avec du quinoa, du riz ou du boulgour pour un plat parfaitement équilibré.

PRÉPARATION
20 min

REPOS
2 h

CUISSON
30 min

AVIS

« Incroyablement délicieux. Je n'ai pas utilisé de citrons verts, seulement des jaunes, et je n'ai fait mariner que quelques minutes. »

HotDog

Poivrons farcis au riz complet et aux champignons

RECETTE PROPOSÉE
PAR Fée Clochette

Facile
€ Bon marché

4 PERSONNES

- 4 poivrons
- 100 g de riz complet
- 200 g de champignons
- 2 oignons
- 2 échalotes
- 1 petit bouquet de persil
- 2 c. à soupe d'huile d'olive
- Sel et poivre

1 Faites cuire le riz dans un grand volume d'eau bouillante salée.

2 Pelez et hachez les oignons et les échalotes. Faites-les blondir à la poêle dans 2 c. à soupe d'huile.

3 Ajoutez les champignons lavés et émincés, laissez cuire 10 min. Ajoutez le riz égoutté. Salez, poivrez et ajoutez le persil ciselé.

4 Coupez un chapeau aux poivrons, retirez les graines, salez-les et remplissez-les de farce.

5 Disposez-les dans une cocotte huilée et versez un peu d'eau. Couvrez et faites cuire 1 h à feu doux.

C'EST PRÊT !

ASTUCE

Vous pouvez également les faire cuire au four, 45 min à 200 °C (th. 7).

PRÉPARATION
30 min

CUISSON
1 h

AVIS

“ J’ai ajouté 2 steaks hachés à la farce et c’était très bon. Je conseille de faire cuire les poivrons à l’horizontale ; les moules à cakes sont des plats parfaits pour ça. ”

sarah_17607729

Tajine de poisson aux légumes

RECETTE PROPOSÉE PAR auteur

Facile
€ Moyen

6 PERSONNES

- 6 darnes de lieu noir
- 1 kg de tomates
- 3 poivrons verts
- 1 poireau
- 1/2 branche de céleri
- 3 oignons
- 3 gousses d'ail
- 2 branches de basilic
- 4 c. à soupe d'huile d'olive
- 1 c. à café de curcuma
- 1 c. à café de poivre blanc
- Le jus de 1 citron
- Sel

1 Émincez le poireau, le céleri et les oignons. Pressez l'ail. Hachez grossièrement le basilic. Coupez les tomates en huit. Coupez les poivrons en lanières.

2 Faites fondre les oignons, l'ail et le poireau dans l'huile.

3 Ajoutez les tomates, les poivrons, le céleri, le basilic et le curcuma. Salez et poivrez. Mélangez, couvrez et laissez mijoter 15 min.

4 Coupez les darnes en huit, en ôtant la peau et l'arête centrale. Ajoutez-les aux légumes. Poursuivez la cuisson, toujours à feu doux et à couvert, en arrosant de temps en temps le poisson avec le jus des légumes.

5 Versez le jus du citron 5 min avant de retirer le poisson du feu.

C'EST PRÊT !

ASTUCE

Pour gagner du temps, faites précuire les légumes longs à cuire 20 min au cuit-vapeur ou à la Cocotte-Minute (pas trop longtemps toutefois, pour qu'ils ne s'écrasent pas).

PRÉPARATION
35 min

CUISSON
55 min

AVIS

❝ Excellente recette ! J'ai utilisé du cabillaud, des courgettes et carottes à la place du poireau ; j'ai ajouté du cumin, de la coriandre, du 4-épices et un peu de piment d'Espelette. ❞
vienne38

Pizza aux légumes d'été

RECETTE PROPOSÉE
PAR Juliette_6

Facile
€ Bon marché

4 PERSONNES

- 1 pâte à pizza toute prête (en magasin ou chez le boulanger)
- 1 aubergine
- 1 courgette
- 6 tomates
- 1 boule de mozzarella
- 12 olives vertes (facultatif)
- 1 oignon
- Huile d'olive
- Sel et poivre

1 Coupez l'aubergine et la courgette en fines rondelles, et poêlez-les dans un peu d'huile avec l'oignon émincé. Laissez réduire le tout.

2 Préchauffez le four à 250 °C (th. 8).

3 Étalez la pâte à pizza assez finement. Garnissez-la de sauce tomate à l'oignon, puis disposez les légumes et la mozzarella. Parsemez d'olives.

4 Remontez la pâte à pizza sur les bords. Salez légèrement, arrosez d'un filet d'huile d'olive. Enfournez pour 20 min.

C'EST PRÊT !

ASTUCE

Testez la « Pâte à pizza légère et rapide » de la page 386, à base de yaourt : elle est facile, délicieuse, et sans temps de repos !

PRÉPARATION
30 min

CUISSON
1 h 20

AVIS

“ Cette pizza est vraiment très bonne ! Je l'ai faite avec une pâte maison et j'ai ajouté des champignons. J'utiliserai 2 grosses boules de mozzarella la prochaine fois ! ”
kb68

Feuilles de blettes farcies

RECETTE PROPOSÉE
PAR noor_15664107

Facile
€ Moyen

4 PERSONNES

- **8 feuilles de blettes**
- **300 g de viande hachée**
- **50 g de riz**
- **2 oignons**
- **300 g de champignons de Paris entiers (frais, en boîte ou surgelés)**
- **4 tranches de chorizo (facultatif)**
- **1 c. à soupe de crème légère (ou de fromage blanc)**
- **8 petites tranches d'emmental**
- **Coriandre**
- **Paprika doux**

1 Préchauffez le four à 180 °C (th. 6).

2 Faites cuire le riz. Pendant ce temps, émincez les oignons et poêlez-les dans un peu d'huile d'olive.

3 Ajoutez les champignons, la viande hachée, et laissez mijoter à feu très doux. En fin de cuisson, ajoutez le riz et la crème.

4 Faites blanchir les feuilles de blettes 2 min dans l'eau bouillante. Égouttez-les et passez-les immédiatement à l'eau froide, pour faire les roulés plus facilement.

5 Dans une poêle bien chaude, faites dorer les rondelles de chorizo de chaque côté.

6 Farcissez les feuilles de blettes avec les tranches d'emmental, le chorizo, puis le mélange de viande.

7 Placez les roulés dans un plat légèrement huilé, et enfournez pour 20 min.

ASTUCE

Gardez les côtes de blettes pour une autre recette, par exemple en gratin ou braisées avec une sauce tomate.

PRÉPARATION
10 min

CUISSON
25 min

AVIS

“ Excellent ! J'ai ajouté du cumin. J'ai recouvert de sauce tomate et de gruyère râpé avant d'enfourner. Même les plus réticents aux légumes se sont régalés. ”

Sofia_15713365

Brochettes de gambas marinées et riz à la mangue

RECETTE PROPOSÉE
PAR Matt

Facile
€ Assez cher

4 PERSONNES

- 16 gambas
- 200 g de riz
- 2 mangues
- 40 cl de bouillon de volaille
- 20 g de beurre
- Huile d'olive

POUR LA MARINADE :

- 2 citrons verts
- 2 pincées de curry
- 20 g de gingembre
- 4 c. à soupe d'huile d'olive
- Sel et poivre

1 Décortiquez les gambas (sauf la nageoire caudale). Préparez la marinade et placez-y les gambas pendant 30 min.

2 Pelez et émincez le gingembre finement. Faites-le fondre à la poêle dans un peu d'huile.

3 Ajoutez le riz. Faites-le revenir jusqu'à ce qu'il soit bien nacré, puis mouillez avec le bouillon de volaille. Laissez cuire 30 min. Rajoutez du bouillon en cours de cuisson si nécessaire.

4 Épluchez la mangue, coupez-la en gros dés. Faites chauffer le beurre dans une poêle. Lorsqu'il devient blond, faites-y dorer les dés de mangue et ajoutez le riz égoutté. Réservez au chaud.

5 Poêlez les gambas dans leur sauce pendant 3 min. Servez-les avec le riz à la mangue.

C'EST PRÊT !

ASTUCE

Vous pouvez remplacer la mangue par de l'ananas.

PRÉPARATION
30 min

CUISSON
45 min

AVIS

« J'ai remplacé l'espadon par des gambas, un délice ! 2 min de chaque côté à la poêle suffisent pour obtenir un mi-cuit. J'ai mis du fumet de poisson à la place du bouillon de volaille. »

Moucook

Sauté de dinde « dolce vita »

RECETTE PROPOSÉE PAR caromoon

Très facile
€ Bon marché

4 PERSONNES

- **4 escalopes de dinde**
- **12 haricots plats**
- **10 champignons de Paris**
- **1/2 poivron rouge**
- **2 tomates**
- **2 oignons**
- **1 citron**
- **Huile d'olive**

1 Coupez la dinde en petits morceaux.

2 Au fond d'une poêle, hors du feu, mélangez un filet d'huile et le jus du citron. Ajoutez la dinde, remuez bien pour l'enrober de sauce. Ajoutez l'oignon taillé en petits cubes. Salez, poivrez et démarrez la cuisson.

3 Ajoutez progressivement les haricots en tronçons de 2 cm, le poivron en lamelles et les champignons en lamelles. Couvrez et laissez cuire 10 min à feu doux.

4 Épépinez les tomates et taillez-les en petits dés. Ajoutez-les dans la poêle. Couvrez et laissez cuire jusqu'à ce que la dinde soit à point.

C'EST PRÊT !

ASTUCE

Pour relever, ajoutez 2 gousses d'ail pressées en même temps que les légumes.

PRÉPARATION
15 min

CUISSON
20 min

AVIS

“ Très bon. Je l'ai réalisé avec des carottes coupées en cubes à la place des autres légumes. ”

lina_17463982

Moqueca brésilienne et poêlée de légumes

RECETTE PROPOSÉE
PAR anna_14152873

Facile
€ Moyen

4 PERSONNES

- 600 g de poisson à chair ferme (type cabillaud)
- 2 courgettes
- 2 poivrons rouges
- 2 poivrons jaunes
- 1 citron vert
- 1 oignon
- 1/2 poivron vert
- 3 tomates
- 3 gousses d'ail
- 25 cl de lait de coco
- Herbes fraîches : basilic, coriandre, persil
- Piment (facultatif)
- Sel et poivre

1. Coupez le poisson en cubes. Faites-le mariner au frais avec le citron, du sel et du poivre.
2. Détaillez en dés l'oignon, les poivrons et les tomates. Pressez l'ail.
3. Faites revenir l'oignon et l'ail dans l'huile bien chaude. Ajoutez le poivron et enfin les tomates. Faites cuire pendant 10 min.
4. Ajoutez le lait de coco, salez, poivrez et ajoutez un peu de piment. Couvrez et laissez mijoter à feu doux 20 min.
5. Ajoutez les herbes, le poisson et laissez mijoter 10 min.
6. Coupez les légumes en dés pour la poêlée et faites-les revenir 10 min dans l'huile d'olive. Servez avec le poisson.

C'EST PRÊT !

PRÉPARATION
30 min

CUISSON
45 min

AVIS

“ Très bonne recette ! J'ai ajouté 10 à 15 cl de lait de coco pour avoir un peu plus de sauce. ”
Celine_369

Saumon aux trois poivrons

RECETTE PROPOSÉE
PAR Aurélie G.

Facile
€ Moyen

4 PERSONNES

- 4 pavés de saumon
- 2 poivrons rouges
- 2 poivrons verts
- 2 poivrons jaunes
- 2 citrons
- 6 c. à soupe de crème fraîche légère ou fromage blanc
- Sel et poivre

1 Faites cuire les pavés de saumon 8 à 10 min dans de l'eau à la vapeur (ou pochez-les dans de l'eau bouillante salée).

2 Coupez les poivrons en petits dés et faites-les cuire 5 min à feu doux dans une casserole.

3 Ajoutez le jus du citron et la crème, salez et poivrez. Laissez chauffer à feu doux le temps de la cuisson du saumon.

4 Servez le saumon avec la sauce au poivron.

C'EST PRÊT !

ASTUCE

Pour un plat parfaitement équilibré, servez avec un riz blanc ou du quinoa.

PRÉPARATION
5 min

CUISSON
20 min

AVIS

" J'ai beaucoup aimé cette recette : déjà, ça présente très bien, c'est très coloré, et au goût, c'est assez épatant ! J'ai fait cuire le saumon à la poêle. "

Gwen_63

Couscous de la mer

RECETTE PROPOSÉE
PAR Grouikette

Moyen
€ Moyen

6 PERSONNES

- 2 kg de poisson blanc
- 500 g de semoule de blé fine
- 200 g de pois chiches en boîte
- Légumes : 4 carottes, 3 navets, 1 céleri, 3 courgettes
- 2 oignons
- 2 c. à soupe de concentré de tomate
- 1 c. à soupe de harissa
- 1 pincée de ras-el-hanout

PRÉPARATION
20 min

CUISSON
2 h

1 Dans un couscoussier, faites revenir les oignons hachés dans un peu d'huile. Ajoutez le concentré de tomate, les pois chiches, les épices et la harissa. Versez 2 l d'eau, couvrez et laissez cuire 1 h.

2 Pendant ce temps, couvrez la semoule avec 20 cl d'eau salée. Grattez à la fourchette et laissez gonfler.

3 Ajoutez les légumes (sauf les courgettes) coupés en gros morceaux dans le couscoussier. Placez la semoule dans le panier vapeur. Laissez cuire 20 min à feu moyen.

4 Versez la semoule sur un linge propre et roulez-la du bout des doigts pour bien séparer les grains.

5 Ajoutez les courgettes dans le couscoussier et laissez cuire 15 min. Ajoutez le poisson coupé en gros morceaux et poursuivez la cuisson 15 min.

6 Servez bien chaud (avec la semoule, le bouillon et la harissa à part).

Nouilles chinoises aux légumes et aux épices

1 Lavez la carotte, les courgettes, le poireau et le poivron, puis coupez-les en fines lanières ainsi que les champignons. Émincez l'oignon.

2 Faites bouillir une grande casserole d'eau salée, puis plongez-y les nouilles chinoises. Couvrez à la reprise de l'ébullition, ôtez du feu et laissez reposer 5 min.

3 Pendant ce temps, faites revenir les légumes et les champignons 5 min à feu vif dans un peu d'huile. Ajoutez le cinq-épices et la sauce soja.

4 Incorporez-les nouilles égouttées aux légumes. Parsemez de ciboulette ciselée et servez.

C'EST PRÊT !

RECETTE PROPOSÉE PAR Agnes_46

Facile
€ Bon marché

4 PERSONNES

- **300 g de nouilles chinoises**
- **1 carotte**
- **2 courgettes**
- **1/2 poireau**
- **1 poivron rouge**
- **250 g de champignons de Paris**
- **1 oignon**
- **3 c. à soupe de sauce soja**
- **2 c. à café rases de cinq-épices**
- **Ciboulette**

AVIS

« J'ai utilisé une julienne de légumes surgelée qui a très bien fait l'affaire. »
Angelina_87

ASTUCE

Pour faire des lanières de carotte et courgette, coupez-les d'abord en tranches fines. Mais si vous avez une mandoline, c'est l'idéal.

PRÉPARATION
15 min

CUISSON
5 min

Wok de saumon aux épinards

RECETTE PROPOSÉE PAR anna_14345586

Facile
€ Moyen

4 PERSONNES

- 600 g de pavés de saumon
- 1 kg d'épinards frais
- 4 petits verres de riz (blanc, rouge et sauvage)
- Sauce soja
- 1 filet d'huile d'olive

1 Faites cuire le riz à l'eau bouillante salée.

2 Découpez le saumon en dés de 1,5 cm de côté.

3 Faites chauffer 1 filet d'huile d'olive dans le wok à feu vif et jetez-y les épinards. Poivrez et arrosez d'un filet de sauce soja.

4 Incorporez le saumon et laissez dorer en remuant. Quand le saumon est cuit, arrosez à nouveau de sauce soja.

5 Versez 1 filet d'huile d'olive dans le wok et faites-y dorer le riz égoutté quelques minutes.

C'EST PRÊT !

ASTUCE

Vous pouvez remplacer l'huile d'olive par de l'huile de sésame, et ajouter un filet de jus de citron et une pointe de piment d'Espelette. Parsemez de graines de sésame juste avant de servir.

PRÉPARATION
15 min

CUISSON
15 min

AVIS

“ Tout simplement délicieux, je conseille en effet les graines de sésame et l'huile de sésame ! Le lime et le piment d'Espelette rehaussent bien le goût du saumon. ”
adebavier !

Encornets à la tomate et au pilpil

RECETTE PROPOSÉE PAR Alice_13747618

Facile
€ Un peu cher

4 PERSONNES

- 1 kg d'encornets
- 200 g de pilpil
- 4 tomates
- 2 oignons
- 2 poivrons rouges
- 1 petit verre de vin blanc
- 1 c. à café de concentré de tomates
- 1/2 bouquet de persil frais

1 Rincez et séchez les encornets, coupez-les en lanières. Coupez les tomates en dés.

2 Épluchez les oignons et émincez-les. Dans une poêle, faites revenir les oignons 5 min dans un peu d'huile.

3 Pendant ce temps, coupez les poivrons rouges en lanières. Ajoutez-les aux oignons. Salez et poivrez.

4 Versez le vin blanc, puis ajoutez les lamelles d'encornet, les tomates, le concentré de tomates. Recouvrez d'eau, mélangez, salez, poivrez. Laissez cuire 25 à 30 min à feu doux.

5 Pendant ce temps, faites cuire le pilpil environ 10 min à l'eau bouillante salée.

6 Parsemez les encornets d'un peu de persil ciselé et servez chaud avec le pilpil.

C'EST PRÊT !

PRÉPARATION
25 min

CUISSON
45 min

Poêlée de dinde, aubergine et tomate

Facile
€ Bon marché
4 PERSONNES

- 2 grosses escalopes de dinde
- 1 aubergine
- 4 tomates
- 2 bonnes c. à soupe de moutarde
- 6 c. à soupe de pâtes déjà cuites (facultatif)
- 6 pincées de curry (facultatif)
- 1 filet d'huile d'olive

1 Coupez l'aubergine en dés, les tomates en lamelles et la dinde en cubes.

2 Faites chauffer un filet d'huile dans une poêle. Ajoutez l'aubergine, puis les tomates, et enfin 2 verres d'eau. Laissez cuire 9 à 10 min jusqu'à évaporation presque totale de l'eau.

3 Ajoutez la dinde et la moutarde. Laissez cuire environ 5 min en surveillant.

4 Ajoutez du sel, du poivre, le curry et les pâtes, puis laissez cuire encore 2 min à feu doux en mélangeant bien.

C'EST PRÊT !

PRÉPARATION
15 min

CUISSON
15 min

AVIS

“ Facile et bon ! Une autre manière de manger de la dinde. J’ai remplacé la tomate par de la sauce tomate maison, un délice ! ”

flocus

Risotto de quinoa aux champignons

RECETTE PROPOSÉE
PAR Caroline_394

Très facile
€ Bon marché

4 PERSONNES

- 400 g de quinoa
- 300 g de champignons frais
- 1 poivron rouge
- 1 poivron vert
- 100 g de cerneaux de noix (facultatif)
- 1 oignon
- 1,2 l de bouillon de légumes
- Huile d'olive
- Sel et poivre

1 Lavez les poivrons, épépinez-les et détaillez-les en fines lanières. Épluchez et émincez l'oignon.

2 Faites cuire le quinoa comme un risotto : faites revenir l'oignon émincé dans une casserole avec un peu d'huile d'olive. Ajoutez le quinoa, remuez bien, puis versez le bouillon de légumes en plusieurs fois jusqu'à absorption complète. Laissez cuire 15 min environ.

3 Pendant ce temps, lavez les champignons et coupez-les en morceaux. Faites-les revenir dans une sauteuse avec un peu d'huile d'olive, puis laissez cuire 10 min pour qu'ils rendent leur eau. Réservez-les.

4 Dans la même poêle, faites revenir les poivrons 10 min. Remettez les champignons. Salez et poivrez. Incorporez les noix concassées.

5 Mélangez les deux préparations et servez chaud.

C'EST PRÊT !

ASTUCE

Pour un plat complet, ajoutez des escalopes de poulet coupées en lanières et préalablement revenues à la poêle.

PRÉPARATION
15 min

CUISSON
20 min

AVIS

« Très bonne idée pour accommoder le quinoa. Mais les proportions sont plus que généreuses : pour 4 personnes, diviser les doses par 2, surtout si vous le servez en accompagnement. »
Fabienne_484

Émietté de grenadier aux petits légumes

RECETTE PROPOSÉE
PAR Sandrine_4263

Facile
€ Moyen

2 PERSONNES

- 2 filets de grenadier (ou flétan)
- 2 carottes
- 1 courgette
- 1 tomate
- 1 citron vert
- 2 c. à soupe d'huile d'olive
- 2 brins d'aneth
- 1 pincée d'origan
- Sel et poivre

1 Coupez les carottes, la courgette et la tomate en petits dés.

2 Faites chauffer 1 c. à café d'huile dans un wok. Faites-y sauter les dés de carotte et de courgette 2 à 3 min avec la pincée d'origan, en remuant bien.

3 Versez un petit verre d'eau, couvrez et laissez cuire 5 à 10 min : les légumes doivent être tendres. Retirez-les du wok et réservez-les.

4 Faites chauffer le reste d'huile dans le wok et faites cuire le poisson en l'émiettant en même temps. Lorsqu'il est saisi uniformément, remettez les légumes et mélangez.

5 Ajoutez le jus du citron vert, puis les dés de tomate. Laissez cuire 2 ou 3 min en remuant.

6 En fin de cuisson, lavez et ciselez l'aneth et incorporez-le au plat. Servez aussitôt.

C'EST PRÊT !

PRÉPARATION
30 min

CUISSON
20 min

AVIS

" J'ai utilisé un mélange surgelé de céleri, poireaux, oignons et cela fonctionne bien. "

Myriamrennes

Gratin poireaux-colin tout léger

RECETTE PROPOSÉE
PAR eva_17229142

Facile
€ Bon marché

4 PERSONNES

- 2 blancs de poireau
- 2 pavés de colin
- 1 oignon
- 250 g de fromage blanc à 0 % de MG
- 2 œufs
- 2 petits pains suédois
- 1 pincée de muscade en poudre
- Huile d'olive

1 Préchauffez le four à 180 °C (th. 6).

2 Faites revenir l'oignon émincé et le colin émietté à feu doux dans un peu d'huile. Assaisonnez puis réservez.

3 Émincez les poireaux et faites-les revenir 5 à 10 min dans la même poêle avec un peu d'huile.

4 Disposez les poireaux dans un plat à gratin, recouvrez du mélange colin-oignon et versez le fromage blanc battu avec les œufs, du sel, du poivre et de la muscade.

5 Pour une touche de craquant, parsemez des pains suédois écrasés. Enfournez pour 20 min.

C'EST PRÊT !

ASTUCE

Ajoutez des carottes coupées en dés aux poireaux.

PRÉPARATION
20 min

CUISSON
20 min

AVIS

“ Très bon. J'ai ajouté un peu d'ail en semoule dans le mélange poireaux-poisson. À défaut de pains suédois, j'ai mis un peu de chapelure sur le dessus du gratin. ”
lucien48

Promis, il n'y a pas que du poisson vapeur... et lorsqu'il est vapeur, il est hyper parfumé. À vous les papillotes, les herbes et les épices pour enchanter vos papilles en toute légèreté. Rien de tel qu'un poisson sans artifice lorsqu'il est parfaitement cuit ! Donc on compte sur vous pour ne pas le faire trop cuire. Arrêtez la cuisson lorsque la chair est encore nacrée, et vous nous en direz des nouvelles ! ;)

Les poissons et fruits de mer

Les alliés des repas légers !

Saumon sauvage, vapeur de verveine

RECETTE PROPOSÉE
PAR margot_16856474

Facile
€ Moyen

4 PERSONNES

- **4 pavés de saumon sauvage**
- **2 sachets de verveine**
- **Thym**
- **Romarin**

1 Dans le fond d'un grand plat allant au four, placez les sachets de verveine et recouvrez d'eau. Ajoutez du thym et du romarin.

2 Posez sur le plat une grille recouverte de papier sulfurisé.

3 Chauffez environ 5 min, puis placez le saumon sur la grille (il ne doit pas être en contact avec l'eau). Couvrez. Surveillez la cuisson, qui est très rapide : comptez 8 min.

4 Servez avec un riz blanc au thym.

C'EST PRÊT !

ASTUCE
Ce mode de cuisson préserve toutes les saveurs et vitamines. Préférez un poisson sauvage.

PRÉPARATION
10 min

CUISSON
8 min

AVIS

« Excellent, raffiné et super diététique ! J'ai accompagné le saumon d'une poêlée d'endives et champignons au curry et paprika ainsi que de riz complet. »

Danique

Saumon grillé au sésame, sauce asiatique

RECETTE PROPOSÉE
PAR jules_14878878

Facile
€ Moyen

4 PERSONNES

- 4 filets de saumon
- 200 g de sésame
- 3 c. à soupe de sauce soja
- 3 c. à soupe de jus de citron vert
- 1 c. à soupe de cassonade (facultatif)

1 Coupez les filets de saumon, dans la longueur, en tranches de 1 ou 2 cm d'épaisseur.

2 Roulez les filets dans les graines de sésame pour les enrober d'une fine couche.

3 Préparez la sauce : mélangez la sauce soja, le jus de citron vert, et éventuellement la cassonade.

4 Faites chauffer un peu d'huile d'olive dans une poêle, puis faites-y cuire le saumon : il doit être saisi à l'extérieur mais rester légèrement cru au centre.

5 Servez la sauce à part ou ajoutée dans la poêle en toute fin de cuisson.

C'EST PRÊT !

ASTUCE

Ajoutez un peu de gingembre frais haché dans la sauce, et quelques brins de coriandre ciselée. Proposez une sauce au fromage blanc citronné en accompagnement.

PRÉPARATION
7 min

CUISSON
2 min

Crevettes marinées au curry

RECETTE PROPOSÉE
PAR lina_15382449

Facile
€ Moyen

4 PERSONNES

- 30 crevettes roses cuites
- 4 c. à café de curry
- 2 c. à soupe d'huile d'olive
- 6 c. à café de persil
- Sel, poivre

1 Préparez la marinade en mélangeant l'huile, le curry, le persil, le sel et le poivre.

2 Décortiquez les crevettes et plongez-les dans la marinade. Laissez mariner au frais au moins 30 min.

3 Poêlez les crevettes 2 min de chaque côté et servez aussitôt.

C'EST PRÊT !

ASTUCE
Allégez la marinade en ajoutant du jus de citron à l'huile d'olive.

PRÉPARATION
10 min

REPOS
1 h

CUISSON
5 min

AVIS

❝ Recette idéale pour les passer à la plancha ! ❞
laura_3328728

Poisson au paprika

RECETTE PROPOSÉE
PAR Fripouille

Très facile
€ Moyen

4 PERSONNES

- 600 g de filet de saumon (ou autre poisson)
- 1 poivron
- 2 c. à café de paprika
- 25 g de concentré de tomate
- 2 brins d'aneth frais
- 1 oignon
- 2 c. à soupe d'huile d'olive
- Le jus d'un citron
- Sel et poivre

1 Coupez et épépinez le poivron. Hachez-le finement. Pelez et émincez finement l'oignon.

2 Dans une sauteuse, faites revenir l'oignon et le poivron dans l'huile d'olive. Ajoutez le paprika, un grand verre d'eau et le concentré de tomates. Laissez mijoter à feu doux 15 min.

3 Préchauffez le four à 180 °C (th. 6).

4 Essuyez, salez et poivrez le poisson, puis disposez-le dans un plat allant au four. Recouvrez-le du mélange au paprika et au poivron. Parsemez le tout d'aneth effeuillé et arrosez du jus de citron.

5 Enfournez pour 20 à 30 min, selon la cuisson souhaitée. Le poisson doit être bien grillé sur le dessus.

C'EST PRÊT !

ASTUCE

Essayez avec du dos de cabillaud, de la sole, de la limande… et servez avec des asperges vertes al dente.

PRÉPARATION
10 min

CUISSON
20 min

AVIS

“ Plat typiquement méditerranéen. C'était très bon, à refaire sans aucune hésitation ! ”

zaza1955

Truite en papillote

RECETTE PROPOSÉE
PAR laetitia_439

Facile
€ Moyen

4 PERSONNES

- 600 g de truite
- 1/3 concombre
- 1 courgette
- 1 oignon rouge
- 20 cl de vin blanc
- 2 c. à soupe de câpres
- 1 pincée de gingembre en poudre
- Sel et poivre

1 Préchauffez le four à 200 °C (th. 6-7). Superposez deux feuilles de papier sulfurisé dans un plat allant au four. Disposez la truite au centre puis relevez le bord des feuilles.

2 Épluchez et découpez le tiers du concombre en tout petits dés. Épluchez et émincez l'oignon rouge très finement. Répartissez-les sur la truite.

3 Épluchez la courgette et réalisez des lamelles dans le sens de la longueur, à l'aide d'un Économe. Ajoutez-les avec le poisson.

4 Ajoutez le vin blanc, les câpres et une pincée de gingembre. Salez et poivrez. Refermez la papillote. Enfournez pour 40 min.

C'EST PRÊT !

ASTUCE

Vous pouvez remplacer le vin blanc par du jus de citron.

PRÉPARATION
30 min

CUISSON
40 min

AVIS

" Excellente recette, à faire et refaire ! J'ai mis 1 c. à soupe rase de riz à la place du concombre. "

Elvire59

Ailes de raie vapeur aux herbes

RECETTE PROPOSÉE PAR Natacha

Facile
€ Moyen
4 PERSONNES

- 2 raies assez épaisses
- 1 gros bouquet d'herbes fraîches (ciboulette, persil, estragon...)
- 20 cl de vinaigre
- 50 g de beurre
- 1 citron
- Sel et poivre

PRÉPARATION
10 min

CUISSON
5 min

1 Rincez les ailes de raies. Hachez les herbes. Couvrez d'herbes le fond du panier d'un autocuiseur, déposez le poisson dessus, salez et poivrez. Parsemez d'herbes à nouveau.

2 Versez 1 verre d'eau et 1 verre de vinaigre dans l'autocuiseur, insérez le panier, fermez et laissez cuire 5 min à partir de la rotation de la soupape.

3 Pendant ce temps, faites fondre le beurre avec le jus du citron et 2 c. à soupe d'herbes hachées. Salez et poivrez.

4 Sortez le poisson de l'autocuiseur, retirez la peau et les herbes. Décollez-le de l'arête et servez arrosé de beurre aromatisé.

C'EST PRÊT !

AVIS

« Excellent et vraiment simple à réaliser ! La cuisson était parfaite. J'ai juste ajouté des câpres dans la sauce. »
christine_4597

Filets de colin aux carottes

1 Préchauffez le four à 200 °C (th. 7).

2 Pelez les carottes et coupez-les en bâtonnets puis précuisez-les 15 min dans de l'eau bouillante salée. Égouttez.

3 Coupez le poivron en dés et faites-les revenir 10 min à feu vif dans un peu d'huile avec les carottes, en remuant de temps en temps,

4 Ajoutez les échalotes émincées. Poursuivez la cuisson 5 min, puis salez, poivrez et ajoutez du persil ciselé.

5 Disposez les filets de colin dans un plat à four et arrosez-les de jus de citron. Recouvrez le poisson des petits légumes et arrosez encore de jus de citron.

6 Couvrez d'une feuille de papier sulfurisé et enfournez pour 30 à 35 min.

C'EST PRÊT !

RECETTE PROPOSÉE PAR rose_13947761

Facile
€ Bon marché

4 PERSONNES

- 4 filets de colin (ou autre poisson blanc)
- 10 carottes
- 1 poivron vert
- 4 échalotes
- 2 c. à soupe d'huile d'olive
- Persil
- Jus de citron
- Sel et poivre

ASTUCE

Ajoutez des graines de sésame aux petits légumes. Pour un plat complet, accompagnez avec des céréales.

PRÉPARATION
15 min

CUISSON
1 h 05

Papillotes de saumon à la mozzarella

RECETTE PROPOSÉE PAR Celine_1

Très facile
€ Moyen

2 PERSONNES

- 2 pavés de saumon
- 1 boule de mozzarella
- 2 tomates
- 2 olives noires
- 2 gousses d'ail
- Basilic frais
- Herbes de Provence
- Huile d'olive
- Sel, poivre

1 Préchauffez le four à 180 °C (th. 6).

2 Coupez les tomates et la mozzarella en fines tranches.

3 Déposez chaque pavé de saumon sur une feuille de papier sulfurisé. Sur chacun, déposez en alternance : 1 tranche de tomate, 1 tranche de mozzarella, 1 tranche de tomate....

4 Émincez les olives et l'ail, répartissez-les sur le saumon. Salez et poivrez, puis saupoudrez de basilic haché et d'herbes de Provence. Arrosez d'un filet d'huile d'olive.

5 Refermez les papillotes et disposez-les dans un plat à gratin. Enfournez pour 25 min : la chair du saumon doit avoir bien éclairci.

C'EST PRÊT !

ASTUCE

Vous pouvez utiliser des pavés de colin ou du dos de cabillaud : c'est tout aussi savoureux !

PRÉPARATION
20 min

CUISSON
25 min

AVIS

" J'ai ajouté des rondelles de pomme de terre dans la papillote pour accompagner, un vrai régal ! "

Laetimi

Poisson vapeur au gingembre

RECETTE PROPOSÉE PAR JMB

Facile
€ Moyen
4 PERSONNES

- 2 daurades ou 4 filets de poisson maigre
- 100 g de gingembre frais
- 3 oignons frais avec leurs tiges
- 1 tête d'ail
- 15 grains de poivre entiers
- 1/2 verre de sauce soja
- 1/2 verre d'huile d'arachide ou de tournesol

1 Coupez le gingembre en fins bâtonnets de 2 à 3 mm de long. Ciselez finement les oignons et coupez les tiges en tronçons d'1 cm. Coupez la tête d'ail en fines lamelles.

2 Dans une casserole, faites dorer le gingembre avec l'huile et le poivre, puis ajoutez l'ail et les oignons. Faites revenir 3 min avant d'ajouter la sauce soja.

3 Disposez le poisson sur des assiettes pouvant aller dans un cuit-vapeur. Répartissez la sauce dessus. Faites cuire entre 5 et 7 min une fois que la vapeur se dégage du couvercle. Dégustez chaud.

C'EST PRÊT !

ASTUCE
Servez avec du riz blanc, thaï si possible.

PRÉPARATION
10 min

CUISSON
10 min

AVIS

“ Pas de cuit-vapeur ! Alors en papillote, avec la sauce, 4 min au micro-ondes. Très bon, rapide et facile. Merci. ”
lily_14988189

Gambas flambées au cognac

RECETTE PROPOSÉE
PAR Neb-j

Facile
€ Un peu cher

4 PERSONNES

- 900 g de gambas grises
- 1 échalote
- 1/2 verre de cognac
- 15 cl de crème fraîche légère
- Beurre

1 Faites rapidement griller les gambas dans une poêle avec du beurre. Lorsqu'elles sont cuites, ajoutez les échalotes finement ciselées et faites-les dorer.

2 Flambez au cognac préalablement chauffé au micro-ondes. Ajoutez la crème, laissez réduire 5 min à feu doux.

3 Servez tout de suite avec du riz ou des pommes de terre cuites à l'eau.

C'EST PRÊT !

ASTUCE
Pour une option plus économique, remplacez les gambas par des crevettes roses.

PRÉPARATION
5 min

CUISSON
10 min

Ceviche mexicain

Facile
€ Moyen

4 PERSONNES

- 500 g de poisson (espadon, cabillaud, loup...)
- 4 citrons jaunes
- 5 tomates
- 1/2 oignon
- 1/2 à 1 bouquet de coriandre
- 1 avocat
- 3 c. à soupe d'huile d'olive

1 Coupez le poisson en tout petits dés et mettez-les dans un plat. Ajoutez le jus des 4 citrons et la coriandre ciselée. Filmez et laissez mariner au moins 2 h au frais.

2 Hachez l'oignon. Coupez les tomates en deux, épépinez-les et découpez-les en petits dés. Ciselez la coriandre.

3 Égouttez le poisson. Ajoutez le jus de 2 citrons, l'huile d'olive et un peu de sel.

4 Au moment de servir, coupez les avocats en dés, mélangez tous les ingrédients et parsemez d'un peu de coriandre ciselée.

C'EST PRÊT !

ASTUCE

Variez les saveurs en ajoutant du jus de pamplemousse ou d'orange. Si vous pouvez, prolongez la marinade plusieurs heures pour imprégner davantage le poisson.

PRÉPARATION
15 min

MARINADE
2 h

AVIS

“ Supra bon ! Je n'ai pas mis l'origan et j'ai laissé mariner 1 h 45, c'était bien suffisant. L'avocat adoucit vraiment l'acidité, j'en ai utilisé 2. ”

sl_hanane

Soupe de poisson créole

Facile

€ Un peu cher

4 PERSONNES

- 200 g de saumon
- 200 g de loup ou de lotte
- 24 crevettes
- 120 g de maïs
- 100 g de petit pois
- 4 gousses d'ail
- 2 oignons
- 2 c. à soupe d'huile d'olive
- 30 cl de coulis de tomate
- 1 c. à soupe de farine
- 1 l de bouillon de légumes
- 1 bouquet de coriandre fraîche
- Sel et poivre

1 Coupez les filets de poisson en morceaux, lavez-les et épongez-les.

2 Dans une cocotte, faites revenir l'ail et les oignons hachés dans un filet d'huile d'olive.

3 Saupoudrez de farine puis versez le coulis de tomate, le jus de légumes et 50 cl d'eau. Salez, poivrez et laissez mijoter 15 min.

4 Ajoutez les morceaux de poisson, les crevettes, le maïs et les petits pois. Prolongez la cuisson 10 à 12 min. Vérifiez la cuisson, parsemez de coriandre et dégustez !

C'EST PRÊT !

ASTUCE

Proposez un peu de Tabasco® pour les amateurs de sensations fortes !

PRÉPARATION
20 min

CUISSON
25 min

AVIS

“ Super facile et délicieux. On a ajouté une petite pointe de piment, mais rien de plus ! ”

james_14503982

Papillotes de flétan aux olives

RECETTE PROPOSÉE
PAR julia_14630949

Facile
€ Moyen

4 PERSONNES

- **4 filets de flétan**
- **2 poireaux**
- **10 olives farcies aux poivrons**
- **4 gousses d'ail**
- **1 bouquet de thym frais**
- **4 citrons non traités**
- **4 c. à soupe d'huile d'olive**
- **Sel et poivre**

1 Préchauffez le four à 200 °C (th. 6-7).

2 Lavez les poireaux et détaillez-les en tronçons de 5 cm. Coupez les olives en rondelles. Pelez l'ail et émincez-le.

3 Rincez les filets de flétan et séchez-les.

4 Lavez 2 citrons et coupez-les en quartiers fins. Pressez les 2 autres. Mélangez 4 c. à soupe de jus de citron et 2 c. à soupe d'huile dans un bol. Salez et poivrez.

5 Préparez 4 feuilles de papier cuisson de 20 x 30 cm. Badigeonnez-les avec un peu d'huile.

6 Répartissez les poireaux, déposez les filets de poisson dessus et arrosez de sauce. Parsemez d'olives, de quartiers de citron, d'ail et de thym effeuillé.

7 Refermez les papillotes et enfournez à mi-hauteur pour 20 à 30 min.

C'EST PRÊT !

PRÉPARATION
20 min

CUISSON
30 min

AVIS

“ J'ai testé la recette avec des filets de grenadier : un régal ! Pour un plat encore plus diététique, j'ai remplacé l'huile d'olive par du jus de citron. ”

Lolalice

Pavés de saumon au pastis

Facile
€ Moyen
4 PERSONNES

- 4 pavés de saumon frais
- 1 kg de poireaux
- Pastis
- Aneth
- Huile d'olive
- Sel et poivre

PRÉPARATION
10 min

CUISSON
30 min

1 Préchauffez le four à 240 °C (th. 8).

2 Coupez les poireaux en tronçons de 15 cm, puis dans le sens de la longueur. Faites-les suer 5 min à couvert. Laissez fondre à feu doux 10 à 15 min.

3 Tapissez le fond d'un plat à gratin avec la fondue de poireaux. Déposez par-dessus les pavés de saumon salés et poivrés.

4 Versez quelques gouttes de pastis sur chaque pavé. Parsemez d'aneth ciselé.

5 Enfournez pour 20 min environ.

C'EST PRÊT !

AVIS

« Très bien, succulent. Mettez 5 c. à soupe de pastis, sinon vous ne sentez rien ! »
emmy_16816641

ASTUCE

Remplacez les poireaux par des épinards frais blanchis ou surgelés.

Papillotes de saumon aux légumes et pommes vapeur

1 Préchauffez le four à 180 °C (th. 6).

2 Ciselez l'aneth. Pelez et émincez l'ail. Nettoyez les champignons et émincez-les. Coupez les tomates cerises en deux.

3 Au centre de 4 feuilles de papier sulfurisé, déposez un pavé de saumon. Disposez les tomates et les champignons autour. Parsemez le saumon d'aneth et d'ail. Salez et poivrez. Versez un filet d'huile d'olive et un filet de jus de citron.

4 Refermez les papillotes et enfournez pour 25 à 30 min.

5 Pendant ce temps, brossez les pommes de terre sous l'eau. Faites-les cuire 10 à 15 min à la vapeur. Servez avec les papillotes.

C'EST PRÊT !

RECETTE PROPOSÉE PAR ELODIE_49

Facile
€ Bon marché

4 PERSONNES

- 4 pavés de saumon
- 20 champignons de Paris
- 20 tomates cerises
- 8 petites pommes de terre primeur
- 1 citron jaune
- 4 brins d'aneth
- 1 gousse d'ail
- Huile d'olive
- Sel et poivre

AVIS

« Très très bon. J'ai posé le saumon sur un lit de rondelles de courgettes. 30 min au four à 180 °C, et c'est parfait. Tout est cuit à point. »
Annade8

PRÉPARATION
20 min

CUISSON
30 min

Bar au four et vin blanc

RECETTE PROPOSÉE
PAR FrenchyEve

Facile
€ Moyen

2 PERSONNES

- 1 bar (env. 600 g)
- 3 tomates assez fermes
- 1/2 verre de vin blanc sec
- 1 oignon
- 1 citron non traité
- Thym
- Laurier
- Huile d'olive
- Sel et poivre

1. Préchauffez le four à 180 °C (th. 6).
2. Lavez le citron et coupez-le en rondelles. Épluchez l'oignon et émincez-le. Coupez les tomates en deux.
3. Huilez un plat à four rectangulaire dont la diagonale correspond à la taille du poisson. Sur cette diagonale, disposez la moitié des rondelles de citron, posez le poisson dessus, après lui avoir rempli le ventre de thym et de laurier. Répartissez le reste du citron sur le poisson.
4. Tout autour, disposez les rondelles d'oignon et les demi-tomates, face bombée vers le dessous. Salez, poivrez et arrosez d'un filet d'huile d'olive.
5. Enfournez pour 10 min, puis arrosez avec le vin blanc et poursuivez la cuisson 10 à 15 min.

C'EST PRÊT !

ASTUCE
Ficelez le poisson pour éviter que les herbes ne s'échappent pendant la cuisson.

PRÉPARATION
15 min

CUISSON
20 min

AVIS

« Très bon, facile, rapide. J'ai mis en dessous un fenouil coupé en tranches très fines. »
Virginie_513

Papillotes de poisson à la thaï

Facile
Moyen
4 PERSONNES

- 4 filets de poisson blanc (cabillaud, colin...)
- 2 oignons nouveaux ou cives
- 1 piment rouge (facultatif)
- 2 courgettes
- 2 poivrons
- 1 citron vert
- Sauce soja
- Huile d'olive
- Poivre rose ou noir, ou mélange de poivres fraîchement moulus
- Sel

1 Préchauffez le four à 200 °C (th. 6-7).

2 Épluchez et émincez les oignons. Rincez le piment, ouvrez-le, retirez-en les graines puis détaillez-le en fines lamelles.

3 Lavez les courgettes et coupez-les en rondelles. Rincez et coupez les poivrons en lamelles.

4 Préparez 4 feuilles de papier sulfurisé et posez un filet de poisson sur chacune. Parsemez d'oignons et de piment. Arrosez de jus de citron vert, d'huile et de sauce soja. Poivrez.

5 Refermez les papillotes et enfournez pour 20 min.

6 Pendant ce temps, faites revenir les légumes 10 min dans un filet d'huile, en remuant de temps en temps. Salez et poivrez. Servez avec les papillotes.

C'EST PRÊT !

PRÉPARATION
10 min

CUISSON
20 min

AVIS

« Je viens de les faire (sans piment) et je suis super fan ! La sauce soja caramélise le poisson et les oignons, et ça reste tendre à l'intérieur. Excellent ! »

Gesc

Fricassée de calamars à l'italienne

Facile
€ Moyen
4 PERSONNES

- 700 g de calamar frais (ou surgelés)
- 3 tomates
- 3 courgettes
- 1 filet d'huile d'olive
- Sel et poivre noir (non moulu)

1 Lavez et coupez les tomates et les courgettes en petits cubes.

2 Nettoyez et découpez les calamars. Dans une grande poêle, faites-les cuire dans un peu d'huile d'olive.

3 Dans une autre poêle, faites revenir le mélange courgettes/tomates. Salez et poivrez légèrement en cours de cuisson.

4 Quand tous les ingrédients sont cuits, mélangez-les sans les égoutter : c'est le jus de cuisson des calamars marié à celui des légumes qui donne au plat sa saveur toute particulière. Servez immédiatement.

C'EST PRÊT !

ASTUCE

Vous pouvez remplacer les calamars par des encornets.

PRÉPARATION
15 min

CUISSON
20 min

AVIS

❝ Je l'ai fait ce soir, un vrai délice ! J'ai ajouté 3 gousses d'ail hachées et du piment d'Espelette pour donner plus de goût : c'était parfait ! ❞

Philtic82

Poisson à la méditerranéenne

RECETTE PROPOSÉE PAR Estelle_72

Très facile
€ Moyen

6 PERSONNES

- 6 morceaux de dos de cabillaud
- 600 g de pois gourmands
- 600 g de pommes de terre grenailles
- Thym frais
- Graines de fenouil
- Huile d'olive
- Sel et poivre

1 Préchauffez le four à 210 °C (th. 7).

2 Lavez les pois gourmands. Pelez les grenailles, puis coupez-les en rondelles. Faites-les dorer 5 min à la poêle, dans un filet d'huile d'olive chaude. Ajoutez ensuite les pois et laissez cuire 15 min.

3 Pendant ce temps, badigeonnez le poisson d'un peu d'huile d'olive. Salez, poivrez et saupoudrez de thym et de graines de fenouil.

4 Déposez-le dans un plat allant au four. Enfournez pour 20 min, en arrosant régulièrement du jus de cuisson.

5 Cinq minutes avant la fin de la cuisson, entourez le poisson des pommes de terre et des pois gourmands.

C'EST PRÊT !

ASTUCE

Traditionnellement, cette recette se prépare avec un chapon, un poisson rouge et épineux ressemblant à une grosse rascasse.

PRÉPARATION
10 min

CUISSON
20 min

Moules marinières

RECETTE PROPOSÉE
PAR Genevieve_702

Facile
€ Bon marché

4 PERSONNES

- **2 kg de moules**
- **15 cl de vin blanc sec**
- **1 petit bouquet de persil**
- **1 citron**
- **1 oignon jaune**
- **2 c. à soupe de farine**
- **4 gousses d'ail**
- **1 filet d'huile d'olive**
- **Sel et poivre**

1 Grattez les moules, rincez-les sous l'eau courante. Faites-les cuire dans un grand fait-tout sur feu moyen : remuez jusqu'à ce qu'elles soient toutes ouvertes (comptez 4 à 5 min). Égouttez-les et filtrez le jus de cuisson rendu par les coquillages.

2 Dans une sauteuse, faites fondre l'oignon émincé à feu doux dans un filet d'huile d'olive.

3 Quand l'oignon prend une jolie teinte dorée, saupoudrez de farine, mélangez et arrosez avec le jus de cuisson des moules. Ajoutez le vin blanc et laissez cuire 10 à 15 min à feu doux, en remuant de temps en temps.

4 Ajoutez du sel, du poivre, l'ail et le persil hachés et le jus du citron. Poursuivez la cuisson 1 min (ou plus si la sauce est trop liquide), puis ajoutez les moules. Laissez réchauffer quelques instants en remuant.

C'EST PRÊT !

CONSEIL

Vous pouvez servir vos moules décoquillées ou non. Jetez de toute façon celles qui sont restées fermées après cuisson.

PRÉPARATION
10 min

CUISSON
15 min

AVIS

“ Délicieux, simple et rapide... Enfin la recette parfaite des moules marinières ! Un régal ! ”

valerie_9

Sauté de saumon au gingembre

Très facile
€ Moyen
4 PERSONNES

- 4 pavés de saumon
- 1 morceau de 5 cm de gingembre frais
- 200 g de pousses de soja
- Sauce soja
- 2 c. à soupe d'huile d'arachide
- Sel et poivre

PRÉPARATION
15 min

CUISSON
15 min

1 Pelez le gingembre, puis râpez-le. Détaillez le saumon en gros cubes.

2 Dans un wok bien chaud, faites revenir le gingembre dans l'huile.

3 Ajoutez les dés de saumon et faites-les revenir pendant 5 min.

4 Ajoutez les pousses de soja et quelques gouttes de sauce soja. Salez, poivrez. Couvrez et laissez cuire encore 5 min.

C'EST PRÊT !

AVIS

« Très original, et bien meilleur avec des pousses de soja fraîches (plus croquantes). J'ai ajouté quelques gouttes d'huile de sésame, ça donne un petit goût sympa. »
Celia_23

ASTUCE

Parsemez de graines de pavot et de sésame doré en fin de cuisson.

Lotte vapeur farcie aux herbes

1 Demandez à votre poissonnier de retirer l'arête centrale du poisson sans séparer les 2 parties.

2 Hachez finement les herbes et farcissez-en le poisson puis ficelez-le en formant un rôti. Tranchez-le en 4 parts égales et saupoudrez de paprika. Enveloppez chaque médaillon de film alimentaire spécial cuisson.

3 Faites cuire les légumes surgelés selon le temps indiqué sur le sachet.

4 Faites chauffer de l'eau dans une Cocotte-Minute. Dès l'apparition de la vapeur, placez les médaillons filmés dans le panier perforé et laissez cuire 3 min.

5 Défilmez les médaillons et servez-les avec les légumes égouttés. Arrosez d'un filet d'huile, poivrez et servez aussitôt.

C'EST PRÊT !

Très facile
€ Moyen

4 PERSONNES

- 600 g de lotte
- 800 g de légumes surgelés (brocoli, chou-fleur, carotte et haricots verts)
- Herbes aromatiques (aneth, persil, ciboulette et pluches de fenouil)
- 3 c. à café de paprika
- 1 filet d'huile d'olive

PRÉPARATION
10 min

CUISSON
10 min

ASTUCE

La cuisson sous film du poisson dans son jus permet d'en garder toute la saveur.

Daurade royale au piment d'Espelette

RECETTE PROPOSÉE
PAR nicolas91140

Moyen
€ Un peu cher

2 PERSONNES

- 1 daurade royale entière
- 2 c. à café de piment d'Espelette
- 2 c. à café de vinaigre de cidre
- 1 citron non traité
- 1 oignon
- 3 c. à soupe d'huile d'olive

1 Préchauffez le four à 180 °C (th. 6).

2 Faites écailler et préparer la daurade par votre poissonnier.

3 Épluchez l'oignon et émincez-le en lamelles. Lavez le citron, coupez-le en fines tranches et ôtez les pépins.

4 Glissez 2 tranches de citron et 2 lamelles d'oignon en alternance à l'intérieur du poisson. Saupoudrez les 2 faces de piment d'Espelette.

5 Placez la daurade dans un plat allant au four. Enfournez et laissez cuire 30 min. À mi-cuisson, arrosez-la d'huile et de vinaigre de cidre.

C'EST PRÊT !

PRÉPARATION
20 min

CUISSON
30 min

AVIS

“ J'ai farci la daurade de citron et d'herbes fraîches (persil et romarin) : le poisson était tendre et bien parfumé. ”
Romain_59400

Hors de question pour la viande d'être exclue de ce livre ! Les volailles sont naturellement légères et avec des cuissons adaptées et des préparations savoureuses qui ne demandent pas d'ajout de matière grasse, on peut aussi mettre les autres viandes au menu. Le tout est absolument appétissant, diablement savoureux et aussi léger que cela peut l'être au regard des ingrédients de départ. Bref, à essayer !

Les viandes

Vive les cuissons savoureuses et légères !

Émincé de dinde menthe-citron

RECETTE PROPOSÉE
PAR lina_16289205

Facile
€ Bon marché

4 PERSONNES

- 4 filets de dinde
- 1 citron jaune ou vert (selon le degré d'acidité voulu)
- 1 poignée de feuilles de menthe fraîche
- 2 c. à soupe de moutarde
- 2 pincées de baies roses
- 1 filet d'huile d'olive
- Sel et poivre

1 Coupez les filets de dinde en petits morceaux.

2 Dans un plat creux, mélangez la moutarde, du sel, du poivre, le jus de citron, les baies roses et la menthe ciselée. Ajoutez la viande et faites mariner au moins 1 h.

3 Égouttez la dinde et faites-la revenir 10 min dans un filet d'huile d'olive.

4 Ajoutez la marinade en fin de cuisson. Servez bien chaud.

C'EST PRÊT !

ASTUCE

Si vous avez du temps, laissez mariner de plusieurs heures à 1 nuit pour encore plus de goût.
Ce plat se marie très bien avec du fenouil, du riz ou encore de la semoule.

PRÉPARATION
10 min

REPOS
1 h

CUISSON
10 min

AVIS

« J'ai laissé mariner la viande juste 1 h par manque de temps, et c'était extra ! Résultat acidulé et tendre ! Je recommande. »

alice_17044492

Tajine de poulet aux poires

RECETTE PROPOSÉE
PAR camila_14279155

Facile
€ Bon marché

4 PERSONNES

- 4 blancs de poulet fermier
- 2 poires bien mûres
- 2 oignons
- 4 courgettes (facultatif)
- 2 c. à soupe de miel (facultatif)
- 3 c. à soupe de curcuma
- 3 c. à soupe de gingembre en poudre
- 1 bâton de cannelle
- 3 c. à soupe de ras-el-hanout
- 4 citrons confits
- Sel et poivre

1 Coupez les oignons en lamelles. Faites-les blondir dans une cocotte en fonte avec un filet d'huile d'olive, puis réservez-les.

2 Coupez les blancs de poulet en morceaux. Faites-les revenir dans la même cocotte jusqu'à ce qu'ils soient un peu dorés.

3 Sur feu doux, ajoutez alors les citrons confits, les oignons, les épices et le miel. Faites cuire 2 à 3 min en mélangeant pour que cela n'attache pas.

4 Ajoutez les courgettes coupées en rondelles moyennes et 1/2 verre d'eau. Salez, poivrez.

5 Couvrez et laissez cuire 40 min à feu très doux, en ajoutant de l'eau si nécessaire.

6 Quelques minutes avant la fin de cuisson, ajoutez délicatement les poires coupées en quartiers.

C'EST PRÊT !

ASTUCE

Pour un plat encore plus léger, remplacez le miel par deux poires bien mûres (ou un peu de jus de poire). Accompagnez d'une semoule épicée.

PRÉPARATION
30 min

CUISSON
40 min

AVIS

« Un vrai voyage oriental ! Les citrons confits donnent beaucoup de goût au plat, mais mieux vaut ne pas les manger ou alors il faut les couper très finement. »
emma_14539185

Poulet basquaise

Facile
€ Bon marché
6 PERSONNES

- 1 poulet coupé en morceaux
- 6 tomates bien mûres
- 2 poivrons
- 10 piments verts d'Espelette (facultatif)
- 1 oignon
- 1 gousse d'ail
- Laurier
- Thym
- Persil frais
- 1 filet d'huile d'olive
- Sel et poivre

1 Pelez les tomates et les poivrons. Coupez les tomates en morceaux et les poivrons en lamelles. Pelez et émincez l'oignon, l'ail et les piments.

2 Faites blondir l'oignon dans un peu d'huile avec l'ail, les piments et les poivrons. Lorsque l'oignon devient translucide, ajoutez les tomates, le poulet, le laurier et le thym effeuillé. Salez et poivrez.

3 Laissez mijoter environ 40 min à couvert. Vérifiez la cuisson du poulet et prolongez si nécessaire. Ajoutez du persil ciselé en fin de cuisson.

C'EST PRÊT !

ASTUCE

Cette recette s'accompagne très bien de riz nature. Préférez un poulet fermier pour son goût et sa fermeté.

PRÉPARATION
15 min

CUISSON
40 min

AVIS

❝ Afin de rendre le plat moins gras, j'ai retiré la peau du poulet et je l'ai d'abord fait dorer dans l'huile d'olive. ❞
camila_15230466

Poulet à la vietnamienne

RECETTE PROPOSÉE
PAR Mijo

Très facile
€ Bon marché

4 PERSONNES

- 500 g d'escalopes de poulet
- 1 poivron rouge
- 1 courgette
- 100 g de pousses de soja
- 1 c. à soupe de gingembre en poudre
- 2 oignons
- 3 c. à soupe de sauce soja
- Huile d'olive
- Sel et poivre

1 Pelez et émincez les oignons. Coupez le poivron en deux et émincez-le en fines lanières. Coupez la courgette (sans l'éplucher) en fines lanières. Lavez les pousses de soja.

2 Taillez les escalopes de poulet en lanières, puis saupoudrez-les avec du gingembre.

3 Faites revenir les oignons dans une sauteuse avec un peu d'huile d'olive jusqu'à ce qu'ils soient translucides.

4 Ajoutez le poulet, faites revenir encore 2 min, puis ajoutez la sauce soja, le vin blanc, le poivron, la courgette et les pousses de soja. Salez et poivrez. Laissez cuire 10 min à couvert.

C'EST PRÊT !

ASTUCE

Vous pouvez ajouter un filet d'huile de sésame et de sauce nuoc-mâm, et utiliser du gingembre frais, dont le parfum est plus intense.

PRÉPARATION
15 min

CUISSON
20 min

AVIS

« J'ai ajouté une petite boîte de mélange de légumes asiatiques (soja, carottes, champignons noirs, etc.) Et un peu de coriandre pour l'esthétique et le goût ! »

Kywana

Cuisse de dinde à la Seychelloise

RECETTE PROPOSÉE
PAR hugo_14597536

Facile
€ Moyen

4 PERSONNES

- 1 cuisse de dinde (env. 800 g)
- 1 citron vert
- 1 oignon
- 1 gousse d'ail
- 4 c. à soupe de sauce tomate
- 2 c. à soupe de persil haché
- 1 c. à soupe de thym haché
- 3 c. à soupe de sauce soja
- 5 c. à café de sucre (facultatif)
- 1 c. de curry en poudre

PRÉPARATION
10 min

CUISSON
45 min

1 Préchauffez le four à 210 °C (th. 7).

2 Faites dorer la cuisse de dinde dans un peu de beurre, puis entaillez-la tous les 3 cm sur 1,5 cm de profondeur.

3 Préparez la sauce : pressez le citron vert. Épluchez puis hachez l'oignon et l'ail. Mélangez-les dans un bol avec le reste des ingrédients.

4 Déposez la cuisse de dinde dans un plat à four et nappez-la avec la sauce. Enfournez pour 35 à 45 min en arrosant souvent avec la sauce.

C'EST PRÊT !

AVIS

« Excellent. J'ai juste mis un peu moins de sucre, mis 5 c. à soupe de pulpe de tomates à la place du jus et ajouté un trait de vin blanc au fond du plat. »
gghouse

Cuisse de dinde au bouillon

1 Préchauffez le four à 180 °C (th. 6).

2 Faites cuire les haricots verts 10 min à l'eau bouillante, puis passez-les sous l'eau froide et réservez-les.

3 Huilez légèrement un plat à four et déposez-y la cuisse de dinde, salée et poivrée des deux côtés.

4 Émincez l'oignon et coupez les tomates en quartiers. Disposez-les autour de la viande. Ajoutez le cube bouillon dilué dans 25 cl d'eau et enfournez pour environ 1 h.

5 Retournez la viande à mi-cuisson et arrosez-la régulièrement de bouillon.

6 Ajoutez les haricots verts dans le plat 15 min avant la fin de la cuisson.

C'EST PRÊT !

RECETTE PROPOSÉE PAR anna_15217169

Facile

€ Moyen

4 PERSONNES

- 1 cuisse de dinde (environ 800 g)
- 500 g de haricots verts frais
- 3 tomates
- 1 oignon
- 1 cube de bouillon de volaille
- 1 filet d'huile d'olive
- Sel et poivre

PRÉPARATION
15 min

CUISSON
1 h 10

ASTUCE

Cette cuisson permet de ne pas dessécher la viande et de lui donner beaucoup de parfum.

Brochettes de poulet à l'ananas

RECETTE PROPOSÉE
PAR Aurelie_1123

Très facile
€ Bon marché

4 PERSONNES

- 4 filets de poulet
- 2 poivrons
- 1 ananas frais

POUR LA MARINADE :

- Le jus d'1 citron
- 3 c. à soupe de jus d'ananas
- 4 c. à soupe d'huile
- 2 c. à café de moutarde
- 1 c. à soupe de vinaigre
- 1/4 de c. à café de cannelle
- 1/4 de c. à café de muscade

1 La veille (si possible), préparez la marinade en mélangeant tous les ingrédients. Coupez les filets de poulets en morceaux, et laissez-les macérer quelques heures dans la marinade, en remuant de temps en temps si possible.

2 Le jour même, coupez les poivrons en dés et l'ananas en morceaux. Préparez les brochettes en alternant, morceaux de viande, d'ananas et de poivrons.

3 Faites cuire 5 à 10 min au barbecue (ou sous le gril du four)

C'EST PRÊT !

ASTUCE

N'hésitez pas à laisser mariner assez longtemps (une journée + une nuit par exemple, la viande n'en est que plus savoureuse).

PRÉPARATION
30 min

CUISSON
10 min

AVIS

“ J'ai ajouté un peu de lait dans la marinade, ce qui a rendu le poulet plus moelleux. ”
romy_16292418

Brochettes de poulet tandoori au yaourt

RECETTE PROPOSÉE
PAR elena_17339257

Très facile
€ Bon marché

4 PERSONNES

- 4 escalopes de poulet
- 2 poivrons
- 4 tomates (de taille moyenne)
- 2 oignons
- 2 c. à soupe de tandoori (mélange de plusieurs épices indiennes)
- 3 yaourts nature brassés ou à la grecque
- 1 citron jaune
- Sel et poivre

1 La veille, préparez la marinade avec les yaourts, le jus du citron et la poudre tandoori. Salez et poivrez.

2 Découpez les escalopes de poulet en morceaux (pas trop petits, pour que la viande ne sèche pas à la cuisson). Plongez les morceaux de poulet dans la marinade et réservez une nuit au frais.

3 Le lendemain, épluchez et coupez l'oignon en lamelles pas trop fines. Lavez et coupez les poivrons et tomates en morceaux.

4 Préparez des brochettes en alternant le poulet avec des morceaux de poivron, de tomate et d'oignon.

5 Faites cuire les brochettes à la plancha ou au four.

C'EST PRÊT !

PRÉPARATION
10 min

CUISSON
15 min

AVIS

“ Très bonne recette que je fais souvent, le poulet n'est pas sec, c'est vite fait ! ”

lovaldy

Brochettes de poulet aux agrumes

RECETTE PROPOSÉE
PAR hannah_16428348

Facile
€ Bon marché

4 PERSONNES

- 4 escalopes de poulet
- 2 citrons verts
- 2 oranges
- 2 gousses d'ail
- 1 bouquet de coriandre fraîche
- 7 cl d'huile d'olive
- Sel et poivre

1 Découpez les escalopes de poulet en dés. Faites-les mariner au moins 2 h dans un saladier avec l'ail haché, la coriandre ciselée, le jus des citrons, le jus d'une orange, l'huile, du sel et du poivre. Remuez de temps en temps.

2 Préchauffez le four à 200 °C (th. 7).

3 Égouttez la viande et piquez des dés de poulet sur des pics à brochette en ajoutant un morceau d'orange.

4 Enfournez pour 10 min en surveillant la cuisson.

C'EST PRÊT !

ASTUCE

Ajoutez du jus d'orange, de citron et de l'huile d'olive si nécessaire, les dés de poulet doivent baigner dans la marinade. Vous pouvez aussi faire mariner des lamelles de légumes en même temps que le poulet.

AVIS

❝ J'ai remplacé la coriandre par du thym, excellent ! À refaire l'été prochain ! ❞

felix_14784560

PRÉPARATION
10 min

REPOS
2 h

CUISSON
10 min

Brochettes de poulet indiennes

RECETTE PROPOSÉE
PAR Françoise W

Facile
€ Bon marché

4 PERSONNES

- 400 g de blancs de poulet
- 1 botte d'oignons
- 2 yaourts
- 1/2 citron
- 1 c. à café de curcuma
- 1/2 c. à café de cumin en poudre
- 1/2 c. de coriandre en poudre
- 1 pointe de couteau de piment fort
- 1 filet d'huile d'olive
- Sel et poivre

1 Dans un plat creux, mélangez les yaourts avec les épices, le jus du citron et des oignons émincés.

2 Coupez les blancs de poulet en morceaux et déposez-les dans la marinade au yaourt. Mélangez bien, couvrez et laissez mariner 3 h au réfrigérateur.

3 Égouttez le poulet et enfilez les morceaux sur des pics à brochette. Salez, poivrez.

4 Faites cuire 10 à 12 min sous le gril du four, à 200 °C (th. 7) ou au barbecue.

C'EST PRÊT !

ASTUCE

Agrémentez vos brochettes en ajoutant des légumes de saison rapides à cuire (courgettes, tomates...).

PRÉPARATION
20 min

CUISSON
15 min

AVIS

“ Très bonne recette. J'ai utilisé 3 yaourts au lieu de 2 pour obtenir plus de sauce et j'ai également ajouté plus d'épices, car nous aimons un goût bien relevé. C'était délicieux ! ”

romy_16604879

Brochettes de poulet épicées aux trois délices

Facile
€ Bon marché
4 PERSONNES

- 4 blancs de poulet
- 2 poivrons rouges
- 2 épis de maïs
- 4 figues fraîches
- Quelques brins d'aneth

POUR LA MARINADE :

- 3 c. à café de paprika
- 3 c. à café de curry
- 5 cm de gingembre frais
- 5 c. à soupe d'huile d'olive

1 Coupez les blancs de poulet en fins rubans d'environ 5 cm.

2 Préparez la marinade du poulet : mélangez 3 c. à soupe d'huile d'olive avec le gingembre haché, 1 c. à café de paprika et 1 c. à café de curry. Faites-y mariner le poulet 30 min.

3 Lavez le poivron, l'épi de maïs et les figues. Coupez le poivron en lamelles, l'épi de maïs en tronçons et les figues en fines rondelles.

4 Préparez la marinade des légumes : mélangez 2 c. à soupe d'huile d'olive avec 2 c. à café de paprika et 2 c. à café de curry. Faites-y mariner les légumes pendant 15 min.

5 Confectionnez les brochettes : piquez chaque lanière de poulet en accordéon et alternez avec des morceaux de poivron et de figue.

6 Faites cuire les brochettes au barbecue environ 8 min, en les retournant de temps en temps. Déposez les épis de maïs à côté, jusqu'à ce qu'ils soient bien dorés.

C'EST PRÊT !

PRÉPARATION
45 min

REPOS
45 min

CUISSON
10 min

AVIS

“ J'ai coupé le poulet en petits cubes et c'était très bien ainsi ! ”

Mamota889

Pot-au-feu de dinde

RECETTE PROPOSÉE
PAR Karen

Très facile
€ Bon marché

4 PERSONNES

- 2 cuisses de dinde
- 4 carottes
- 3 poireaux
- 5 pommes de terre
- 2 branches de céleri
- 1 cube de bouillon de volaille
- 1 bouquet garni
- 1 oignon piqué d'un clou de girofle
- Huile d'olive
- Sel et poivre

PRÉPARATION
10 min

CUISSON
1 h

1 Épluchez les légumes et coupez-les en morceaux.

2 Faites dorer les cuisses de dinde dans une cocotte avec un peu d'huile.

3 Couvrez d'eau, ajoutez tous les ingrédients et laissez cuire au moins 1 h (voire 1 h 30).

C'EST PRÊT !

AVIS

« Bonne recette, appréciée par tous. Le bouillon est parfumé et la viande tendre à souhait... Un régal ! »
romy_17057987

Lapin en papillote

1 Préchauffez le four à 220 °C (th. 7-8).

2 Mélangez l'huile, l'ail pelé et écrasé (ou pressé) et des herbes de Provence.

3 Préparez 4 grandes feuilles de papier sulfurisé. Versez 2 ou 3 c. à café d'huile aromatisée sur le fond des feuilles.

4 Déposez une cuisse de lapin sur chaque feuille, salez, poivrez et arrosez du reste d'huile.

5 Fermez les papillotes. Enfournez pour 55 min à 1 h.

C'EST PRÊT !

RECETTE PROPOSÉE PAR Stéphanie

Moyen
€ Un peu cher

4 PERSONNES

- 4 cuisses de lapin
- 6 gousses d'ail
- Herbes de Provence
- 2 c. à soupe d'huile d'olive
- Sel et poivre

AVIS

« Excellent ! J'ai ajouté quelques rondelles de carotte, des demi-tomates cerises ainsi que des petits cubes de courgette. Simple, diététique et original. Une réussite ! »
Isou007

PRÉPARATION
15 min

CUISSON
1 h

Tartare de bœuf aux parfums thaïs

RECETTE PROPOSÉE
PAR Pierrot

Très facile
€ Moyen
4 PERSONNES

- 600 g de bœuf pour tartare
- 1/2 botte d'oignons nouveaux
- 1 citron vert
- 1 piment rouge
- 3 c. à soupe de sauce nam pla
- 1/2 bouquet de coriandre
- 3 c. à soupe d'huile d'arachide

1 Prélevez quelques zestes de citron vert, pressez le fruit. Émincez finement le piment. Émincez les oignons (blanc + 3/4 du vert). Ciselez la coriandre.

2 Versez le tout dans un plat et ajoutez la sauce nam pla, la coriandre, l'huile, le jus du citron vert et 4 tours de moulin à poivre noir.

3 Hachez très finement la viande au couteau. Ajoutez-la dans le plat et mélangez bien. Rectifiez l'assaisonnement si nécessaire. Couvrez et laissez reposer 30 min au frais avant de servir.

C'EST PRÊT !

ASTUCE
La sauce poisson nam pla, d'origine thaïlandaise, peut être remplacée par du nuoc-mâm vietnamien.

PRÉPARATION
15 min

CUISSON
30 min

AVIS

“ J'adore ! Un franc succès. Je remplace l'huile d'arachide par de l'huile de sésame et je parsème de cacahuètes concassées grillées à sec avant de servir. ”

Nishee

Brochettes de bœuf à la thaï

RECETTE PROPOSÉE
PAR lucas_15168557

Facile
€ Moyen

4 PERSONNES

- 750 g de bœuf (filet ou rumsteck)
- Sel et poivre

POUR LA MARINADE :
- 2 tiges de citronnelle
- 1 petit piment vert
- 2 échalotes
- 2 gousses d'ail
- 5-6 cm de gingembre frais
- 2 c. à soupe de nuoc-mâm
- 1 c. à soupe de sucre
- 1/2 citron vert

1 Salez et poivrez la viande. Coupez-la en dés.

2 Mixez tous les ingrédients de la marinade. Faites-y reposer la viande au moins 1 h au frais.

3 Saisissez la viande égouttée à feu vif. Ajoutez un peu de marinade en fin de cuisson.

4 Piquez les morceaux de bœuf sur des pics à brochette et servez. Vous pouvez ajouter un peu de menthe et de coriandre pour la décoration.

C'EST PRÊT !

ASTUCE
Vous pouvez ajouter un peu de menthe ou de coriandre fraîche dans la marinade ou en fin de cuisson.

PRÉPARATION
15 min

REPOS
1 h

CUISSON
10 min

AVIS

“ Succulent ! Je n'avais ni piment ni citronnelle et je les ai remplacés par des poivrons et de la coriandre... Divin. ”
Doume70

Côtes de veau marinées aux fines herbes

RECETTE PROPOSÉE
PAR Jean et Lolotte

Facile
€ Moyen

4 PERSONNES

- 4 côtes de veau
- 2 branches d'estragon
- 1/2 bouquet de persil
- 1/2 bouquet de ciboulette
- 1 à 2 gousses d'ail
- 2 échalotes
- 4 c. à soupe d'huile d'olive
- 2 c. à soupe de jus de citron

1 Hachez finement les herbes, l'ail et les échalotes. Mélangez-les avec l'huile d'olive et le jus de citron. Salez, poivrez. Recouvrez les côtes de veau de cette marinade. Laissez mariner 2 ou 3 h.

2 Faites cuire la viande égouttée à la plancha (ou à la poêle) 8 min de chaque côté environ.

3 Servez les côtes bien chaudes, arrosées de marinade pour ceux qui le souhaitent.

C'EST PRÊT !

PRÉPARATION
10 min

REPOS
3 h

CUISSON
15 min

AVIS

“ J'ai essayé cette recette avec une grosse côte de veau cuite au barbecue. Le mélange des herbes est agréable mais j'ai réduit l'estragon et laissé mariner seulement deux heures. ”

lily_16180470

Rôti de veau à l'orange

RECETTE PROPOSÉE
PAR camila_13775726

Facile
€ Moyen

4 PERSONNES

- 1 rôti de veau
- 4 oranges
- 6 échalotes
- 2 gousses d'ail
- Huile d'olive
- Sel et poivre

PRÉPARATION
15 min

CUISSON
1 h 50

1 Dans une cocotte, faites dorer le rôti (salé et poivré de chaque côté) avec un peu d'huile d'olive.

2 Réservez le rôti et mettez les échalotes ciselées à la place.

3 Lorsqu'elles sont dorées, remettez le rôti dans la cocotte avec l'ail écrasé et le zeste d'une orange. Laissez mijoter 10 à 15 min à feu doux en retournant régulièrement le rôti.

4 Ajoutez le jus des oranges et couvrez. Laissez mijoter environ 1 h 30, selon la taille du rôti.

C'EST PRÊT !

AVIS

« Nickel, je n'ai mis que le jus de 2 oranges et 1 verre de pur jus, un peu de crème à la fin et de la fécule de maïs. La viande était très tendre et la recette a fait l'unanimité. »
francoise_1413

ASTUCE

C'est délicieux avec des patates douces (à défaut, des pommes de terre) mais attention à ce qu'elles ne boivent pas tout le jus ! Ajoutez-les déjà cuites 30 min avant la fin de la cuisson.

Épaule d'agneau vapeur au cumin

1 Frottez la viande avec un peu d'huile. Badigeonnez largement la surface avec des épices. Laissez reposer 3 h.

2 Placez l'épaule dans un cuit-vapeur à étages. Salez. Mettez l'oignon dans l'eau de la cuisson (en bas) et faites cuire 30 min.

3 Placez les légumes en morceaux à l'étage intermédiaire. Salez, poivrez et ajoutez les épices.

4 Faites cuire 1 h 30 à couvert en vérifiant que l'eau ne s'évapore pas trop.

C'EST PRÊT !

Facile
€ Moyen
4 PERSONNES

- 1 épaule d'agneau bien maigre
- 3 bulbes de fenouil
- 3 courgettes
- 3 carottes
- 1 oignon
- Gousses d'ail en chemise
- Cumin en graines et en poudre
- Coriandre en graines
- Huile d'olive
- Sel et poivre

PRÉPARATION
15 min

REPOS
2 h

CUISSON
3 h

AVIS

« Je n'ai pas de mots pour dire à quel point cette recette est délicieuse et fondante. Même cuits à la vapeur, les légumes avec les épices ont beaucoup de goût. Une vraie merveille. »

aurore2602

Ils sont naturellement légers, pleins de vitamines,
et s'assemblent les uns avec les autres à l'infini...
Les légumes sont les parfaits alliés
d'une cuisine savoureuse et légère.
Voici donc une sélection de recettes qui sont autant
de raisons de faire ami-ami avec eux pour la vie !

Les légumes

Couleurs et saveurs garanties !

Caponata sicilienne

RECETTE PROPOSÉE
PAR Patricia M

Très facile
€ Bon marché

6 PERSONNES

- 3 aubergines
- 1 branche de céleri
- 1 poivron rouge
- 1 poivron vert
- 4 tomates
- 8 oignons nouveaux
- 3 gousses d'ail
- 3 c. à soupe de câpres
- 5 cl de vinaigre
- 2 c. à soupe d'huile d'olive
- Sel et poivre

1 Épluchez le céleri. Pelez et coupez les oignons en quartiers. Épluchez et hachez l'ail. Lavez les poivrons et ciselez-les en lamelles. Lavez les aubergines et coupez-les en dés, ainsi que le céleri.

2 Faites chauffer l'huile dans une cocotte et faites-y revenir les aubergines quelques minutes.

3 Ajoutez les oignons, les poivrons et l'ail. Laissez mijoter pendant 20 min environ.

4 Ébouillantez les tomates 30 s. Pelez-les avec un couteau et détaillez-les en cubes. Ajoutez-les dans la cocotte. Ajoutez le vinaigre et les câpres. Assaisonnez, couvrez et prolongez la cuisson de 10 min.

5 Laissez refroidir et servez bien frais.

C'EST PRÊT !

ASTUCE

Plus on laisse cuire longtemps et à feu doux, meilleur c'est, car les légumes sont alors confits. Vous pouvez ajouter un peu de maïs.

PRÉPARATION
20 min

CUISSON
35 min

AVIS

“ Délicieux froid, accompagné de tranches de pain de campagne toastées. J'ai juste ajouté quelques olives vertes et noires. ”

Christelle_2134

Carottes rôties

RECETTE PROPOSÉE
PAR Marmiton

Très facile
€ Bon marché

4 PERSONNES

- 8 carottes fanes
- 2 c. à soupe d'huile d'olive
- 2 pincées de coriandre en poudre
- 2 pincées de cumin en poudre
- 4 c. à soupe de graines de courge
- 3 c. à soupe de graines de sésame
- 3 c. à soupe de graines de tournesol
- Sel et poivre

1 Préchauffez le four à 160 °C (th. 4).

2 Lavez les carottes sous un filet d'eau et coupez les fanes en ne laissant que 2 cm de tige.

3 Déposez-les sur une plaque recouverte de papier sulfurisé. Arrosez-les d'un filet d'huile, saupoudrez de coriandre et de cumin, puis de graines. Salez et poivrez.

4 Enfournez pour 30 min.

C'EST PRÊT !

ASTUCE
Si vous utilisez des carottes classiques, plus épaisses, prolongez la cuisson de 10 à 20 min pour qu'elles soient bien fondantes.

AVIS

“ Délicieuses, très simple à réaliser, les graines rajoutent un côté croquant et sympa, je recommande. ”

Eliam1518

PRÉPARATION
15 min

CUISSON
30 min

Frites light au four au paprika

RECETTE PROPOSÉE
PAR eva_15207495

Très facile
€ Bon marché

4 PERSONNES

- 8 pommes de terre
- Paprika
- 2 c. à soupe d'huile d'olive ou de tournesol
- Sel

1 Préchauffez le four à 250 °C (th. 8).

2 Coupez les pommes de terre de l'épaisseur de votre choix. Rincez-les et essorez-les. Dans un saladier, mélangez les frites avec l'huile et le paprika pour bien les enrober.

3 Recouvrez une plaque de four de papier sulfurisé et déposez-y les frites bien à plat.

4 Enfournez pour environ 30 min (surveillez la cuisson). Les frites roussissent grâce au paprika et deviennent aussi croustillantes qu'à la friteuse. Salez et dégustez aussitôt.

C'EST PRÊT !

ASTUCE

La cuisson se fait selon l'épaisseur, il faut juste vérifier et ajuster la température en fonction.

PRÉPARATION
10 min

CUISSON
30 min

AVIS

“ Nous n'attendrons plus le restaurant pour manger de bonnes frites maison ! Toute la famille s'est régalée ! ”

Metsetdelices

Tian provençal

RECETTE PROPOSÉE
PAR Anny_15

Très facile
€ Bon marché

4 PERSONNES

- 400 g d'aubergines
- 500 g de tomates
- 300 g de courgettes
- 1 oignon
- 6 gousses d'ail
- 1 c. à soupe d'huile d'olive
- Herbes de Provence
- Sel et poivre

1 Préchauffez le four à 180 °C (th. 6).

2 Émincez l'oignon et 1 gousse d'ail. Déposez-les dans un plat légèrement huilé et enfournez pour 5 à 10 min Laissez un peu refroidir.

3 Coupez les légumes en rondelles de même épaisseur, et si possible de même diamètre.

4 Disposez-les debout dans le plat, sur l'ail et l'oignon, par rangées, en alternant tomate, courgette, tomate, aubergine, et ainsi de suite. Intercalez l'ail restant.

5 Salez, poivrez, arrosez d'un filet d'huile d'olive et saupoudrez d'herbes de Provence. Enfournez pour 1 h 30.

C'EST PRÊT !

PRÉPARATION
20 min

CUISSON
1 h 30

Aubergines vapeur cumin-cannelle

RECETTE PROPOSÉE PAR amaranthe

Très facile
Bon marché

4 PERSONNES

- 2 aubergines
- 2 c. à soupe de concentré de tomate
- 1 c. à café de cumin en poudre
- 1 c. à café de cannelle en poudre

PRÉPARATION 10 min
CUISSON 30 min

1 Mettez les aubergines entières dans un cuit-vapeur ou dans le panier vapeur d'un autocuiseur. Faites cuire 30 à 35 min.

2 Sortez les aubergines, coupez-les en deux, puis détaillez la chair de chaque moitié en petits cubes (ça ressemble un peu à de la purée).

3 Ajoutez le concentré de tomates et les épices.

C'EST PRÊT !

AVIS

« Je trouve cette recette délicieuse et originale, avec un bon goût d'épices ! Pas besoin d'huile, donc c'est plus léger, et ça permet de cuisiner les aubergines seules, sans forcément les accompagner par une ratatouille. »
margot_15024885

Fenouil braisé

1 Nettoyez les bulbes de fenouil. Coupez-les en deux dans le sens de la longueur. Épluchez et coupez les gousses d'ail en deux. Pressez le citron et récupérez le jus.

2 Chauffez l'huile d'olive dans une poêle. Faites-y revenir les fenouils pendant 10 min : ils doivent légèrement colorer.

3 Au bout de 5 min, ajoutez l'ail. Versez ensuite le jus de citron, le vin blanc et le thym. Assaisonnez.

4 Faites cuire à couvert pendant 30 min jusqu'à ce que les fenouils soient tendres et confits, et que le jus ait bien réduit.

C'EST PRÊT !

RECETTE PROPOSÉE PAR Edith

Facile
€ Bon marché

4 PERSONNES

- 4 bulbes de fenouil
- 1 citron
- 2 gousses d'ail
- 1 branche de thym
- 1 verre de vin blanc sec
- 1 c. à soupe d'huile d'olive
- Sel et poivre

AVIS

« Délicieux, à refaire ! Je n'avais pas de vin sous la main, de l'eau a parfaitement fait l'affaire. J'ai aussi remplacé le thym par un mélange d'herbes de Provence. »
Jeannette632

PRÉPARATION
5 min

CUISSON
40 min

Carottes à la marocaine « vite fait, bien fait »

RECETTE PROPOSÉE
PAR emmy_15985225

Très facile
€ Bon marché

4 PERSONNES

- 1 kg de carottes
- 1 citron
- 1 gousse d'ail
- Persil plat
- Coriandre
- 3 c. à soupe d'huile d'olive
- 2 pincées de cumin (facultatif)
- Sel et poivre

1 Épluchez les carottes et découpez-les en rondelles ou en cubes selon vos goûts. Faites-les cuire 10 min à la vapeur.

2 Ajoutez le jus du citron, la coriandre et le persil ciselés ainsi que l'ail pressé.

3 Mélangez et ajoutez environ 3 c. à soupe d'huile d'olive, du sel, du poivre et le cumin.

C'EST PRÊT !

PRÉPARATION
10 min

CUISSON
10 min

AVIS

“ Un vrai voyage marocain, cette recette !
Je n’ai pas forcé sur le citron, le jus d’un demi est suffisant.
J’ai servi chaud et c’était délicieux ! ”

vpetit

Wok de légumes, sauce ail et gingembre

RECETTE PROPOSÉE
PAR anna_16359813

Facile
€ Bon marché

4 PERSONNES

- 3 poivrons multicolores
- 5 carottes
- 2 courgettes
- 200 g de haricots verts
- 4 c. à soupe d'huile d'arachide

POUR LA SAUCE :

- 4 c. à soupe de soja
- 4 gousses d'ail
- 1 c. à soupe de vinaigre de riz
- 1/2 citron
- 3 cm de gingembre frais (ou 1 c. à café de gingembre en poudre)

1 Émincez très finement les légumes. Faites revenir les oignons, les poivrons et les carottes dans l'huile chaude pendant 5 min.

2 Incorporez les courgettes et les haricots (surgelés ou précuits dans l'eau). Laissez cuire 10 min à feu vif en remuant sans cesse.

3 Pendant ce temps, préparez la sauce : épluchez l'ail et le gingembre puis mixez ensemble tous les ingrédients.

4 Ajoutez la sauce à l'ail et au gingembre juste avant de servir.

C'EST PRÊT !

PRÉPARATION
10 min

CUISSON
15 min

AVIS

“ Un vrai délice ! ”

missjack49

Ratatouille

Facile

€ Bon marché

4 PERSONNES

- 1 grosse aubergine
- 3 courgettes
- 2 poivrons rouges et verts
- 3 tomates
- 350 g d'oignons
- 3 gousses d'ail
- 6 c. à soupe d'huile d'olive
- 1 brin de thym
- 1 feuille de laurier
- Sel et poivre

1 Pelez et coupez les tomates en quartiers. Épluchez les aubergines et les courgettes et coupez-les en rondelles.

2 Coupez les poivrons en lamelles. Pelez et émincez les oignons. Pelez et hachez l'ail.

3 Dans une poêle, faites chauffer 2 c. à soupe d'huile. Faites-y fondre les oignons et les poivrons.

4 Lorsqu'ils sont tendres, ajoutez les tomates, l'ail, le thym et le laurier. Salez, poivrez et laissez mijoter doucement à couvert pendant 45 min.

5 Pendant ce temps, préparez les aubergines et les courgettes. Faites-les cuire séparément dans une poêle avec 4 cuil. à soupe d'huile d'olive pendant 15 min. Les aubergines et les courgettes doivent être bien fondantes.

6 Ajoutez-les aux tomates et prolongez la cuisson sur feu doux pendant 10 min.

C'EST PRÊT !

PRÉPARATION
25 min

CUISSON
1 h

AVIS

« Encore meilleure le jour suivant après avoir laissé un peu reposer. Merci pour la recette ! »

Violinecurieuse

Aubergines grillées à l'ail

Très facile
€ Bon marché
4 PERSONNES

- 4 aubergines
- 1 gousse d'ail
- Huile d'olive
- Herbes de Provence
- Sel et poivre

1 Préchauffez le four à 210 °C (th. 7).

2 Coupez chaque aubergine en deux dans le sens de la longueur sans les éplucher. Quadrillez la chair avec un couteau.

3 Pelez et hachez l'ail. Badigeonnez chaque moitié d'aubergine de 1/2 c. à soupe d'huile. Parsemez d'ail et d'herbes de Provence, salez et poivrez.

4 Enfournez pour 30 à 40 min jusqu'à ce que la chair soit fondante. Dégustez « à la coque » avec une petite cuillère.

C'EST PRÊT !

ASTUCE

Parsemez d'herbes fraîches ciselées au moment de servir. C'est un plat minceur, on peut en manger (presque) autant que l'on veut !

PRÉPARATION
5 min

CUISSON
40 min

AVIS

“ Effectivement, il faut ce temps de cuisson pour obtenir une aubergine bien tendre. J'ai ajouté de l'ail pressé dans l'huile d'olive : excellent. ”

Sylvie_234

Spaghettis divins aux asperges et fèves

RECETTE PROPOSÉE PAR laura_16685750

Facile
€ Moyen

4 PERSONNES

- **400 g de spaghettis**
- **12 asperges vertes surgelées**
- **200 g de fèves pelées surgelées**
- **200 g de pois gourmands surgelés**
- **10 cl de crème légère liquide**
- **50 g de parmesan râpé**
- **1 filet d'huile d'olive**

1 Faites décongeler les légumes quelques minutes au micro-ondes. Coupez les asperges en tronçons de 3 à 4 cm.

2 Faites cuire les spaghettis à l'eau bouillante. Pendant ce temps, faites fondre le beurre dans une sauteuse à feu vif. Faites-y revenir les légumes 2 min.

3 Baissez le feu, couvrez et poursuivez la cuisson 5 min. Salez, poivrez, ajoutez la crème et le parmesan, mélangez et chauffez encore 1 min.

4 Égouttez les pâtes, garnissez avec les légumes et servez immédiatement.

C'EST PRÊT !

ASTUCE

Cette recette très rapide est réalisée avec des ingrédients « du placard » que vous pouvez interchanger selon ce que vous avez. Idéal pour un dîner à l'improviste !

PRÉPARATION
5 min

CUISSON
10 min

AVIS

“ Excellent. En saison, on peut utiliser des asperges et des pois gourmands frais, en gardant les fèves surgelées déjà pelées : ça va plus vite. La prochaine fois, j'ajouterai du basilic. ”
mamisabis

Nouilles chinoises aux oignons nouveaux

RECETTE PROPOSÉE
PAR Dominique

Facile
€ Bon marché

4 PERSONNES

- 300 g de nouilles chinoises
- 1 petite botte d'oignons nouveaux
- 2 c. à soupe d'huile d'olive
- 2 c. à soupe de sauce soja
- Sel et poivre

1 Faites cuire 3 à 4 min les nouilles dans une casserole d'eau bouillante.

2 Émincez très finement les oignons. Égouttez les nouilles, rincez-les à l'eau froide et séparez-les bien.

3 Faites chauffer l'huile d'olive dans une poêle, puis faites-y revenir les petits oignons et les nouilles quelques minutes à feu vif.

4 Poivrez et ajoutez la sauce soja en fin de cuisson.

C'EST PRÊT !

CONSEIL

La sauce soja étant naturellement salée, il est inutile d'ajouter du sel. Si vous en avez, ajoutez un peu de sauce nuoc-mâm pour éviter que les nouilles ne collent.

PRÉPARATION
5 min

CUISSON
10 min

AVIS

“ J'ai fait revenir les oignons avant de mettre les nouilles, et en fin de cuisson, j'ai ajouté un filet d'huile de sésame et des carottes finement émincées pour un joli visuel. ”
veronike80

Chou-fleur rôti aux épices

RECETTE PROPOSÉE
PAR Marmiton

Très facile
€ Bon marché

4 PERSONNES

- 1 chou-fleur
- Mélange cinq-baies
- Curry
- 15 cl d'huile d'olive
- 3 brins de persil
- Sel et poivre

PRÉPARATION
15 min

CUISSON
30 min

1 Préchauffez le four à 200 °C (th. 7).

2 Préparez le chou-fleur : coupez la tige dure et retirez les feuilles. Coupez-le en tranches d'1,5 cm d'épaisseur environ.

3 Aromatisez l'huile d'olive avec le mélange cinq-baies et le curry selon votre goût. Arrosez-en généreusement le chou-fleur. Salez et poivrez.

4 Enfournez pour 20 min. Vérifiez la cuisson : la pointe d'un couteau doit s'enfoncer facilement dans le chou-fleur.

5 Retirez le papier sulfurisé et laissez le chou-fleur dorer au four 5 à 10 min.

C'EST PRÊT !

AVIS

« Fait exactement comme indiqué, c'était parfait, et en plus très original. »
nathalie65

ASTUCE

Passez le chou-fleur 10 min au panier vapeur avant de le mettre au four, pour le rendre plus fondant.

Poivrons confits

1 Nettoyez et évidez les poivrons. Coupez-les en fines lanières. Faites-les revenir dans une poêle avec l'huile d'olive pendant 5 min, en remuant régulièrement.

2 Pendant ce temps, épluchez et émincez l'oignon. Pelez et pressez l'ail.

3 Ajoutez les oignons, l'ail et le laurier dans la poêle. Laissez confire pendant 35 min à feu doux.

C'EST PRÊT !

AVIS

« Absolument extra, froid ou chaud. Pour ma part, je mélange des poivrons de toutes les couleurs pour le plaisir des yeux ! »
Alyette_1

Très facile
€ Bon marché
4 PERSONNES

- 2 poivrons verts
- 2 poivrons jaunes
- 1 poivron rouge
- 1 oignon
- 2 gousses d'ail
- 1 feuille de laurier
- 1 c. à soupe d'huile d'olive
- Sel et poivre

PRÉPARATION
15 min

CUISSON
40 min

Tajine de légumes

RECETTE PROPOSÉE
PAR Valerie57

Très facile
€ Bon marché

6 PERSONNES

- 4 courgettes
- 5 carottes
- 1 poivron rouge
- 1 poivron vert
- 1 boîte de tomates concassées
- 1 oignon
- 1 c. à café bombée de ras-el-hanout
- 1/2 c. à café de cannelle
- Tomates séchées (facultatif)
- Huile d'olive
- Sel et poivre

1. Pelez l'oignon, émincez-le et faites-le dorer dans une cocotte avec un peu d'huile d'olive.
2. Pelez les courgettes et les carottes. Coupez-les en rondelles. Coupez les poivrons en lanières.
3. Ajoutez les légumes dans la cocotte, versez dessus les tomates concassées et les tomates séchées coupées en petits morceaux. Salez et poivrez.
4. Ajoutez le ras-el-hanout, et la cannelle. Couvrez et laissez mijoter à feu très doux pendant 45 min. Les légumes doivent être fondants.

C'EST PRÊT !

ASTUCE
Servez avec de la semoule ou du boulgour.

PRÉPARATION
15 min

CUISSON
50 min

Curry vert de fenouil au yaourt

RECETTE PROPOSÉE
PAR delphine_2691

Facile
€ Moyen

4 PERSONNES

- 4 bulbes de fenouil
- 1 c. à café de pâte de curry vert
- 2 c. à soupe de yaourt brassé (ou de crème légère)
- Le jus d'1 citron
- Huile d'olive
- Sel et poivre

1. Coupez les fenouils en petits cubes. Pressez le citron.
2. Dans une sauteuse, faites revenir le fenouil dans un filet d'huile d'olive. Salez, poivrez et ajoutez un verre d'eau.
3. Couvrez et faites cuire 15 min à feu moyen en remuant de temps en temps.
4. Dans un bol, mettez la pâte de curry et le yaourt. Mélangez bien.
5. Une fois les fenouils cuits, ajoutez le jus de citron, puis incorporez la préparation au curry au dernier moment.

C'EST PRÊT !

ASTUCE
Pour une version allégée, remplacez la crème fraîche par un yaourt nature.

PRÉPARATION
10 min

CUISSON
15 min

Chou-fleur au curry et aux pommes

RECETTE PROPOSÉE
PAR Eloise_6

Facile
€ Bon marché

4 PERSONNES

- 1 chou-fleur
- 2 pommes type golden
- 1 oignon
- 15 cl de crème liquide légère (ou d'eau)
- Curry
- Mélange cinq-baies (ou poivre)
- 1 filet d'huile d'olive

1 Détachez les bouquets du chou-fleur, lavez-les et faites-les blanchir 3 min dans une grande casserole d'eau bouillante. Ils seront tendres mais encore fermes.

2 Dans une sauteuse, faites revenir l'oignon émincé avec un peu de beurre.

3 Ajoutez le chou-fleur blanchi et les pommes coupées en dés. Saupoudrez de curry, salez, poivrez.

4 Couvrez et laissez mijoter 10 min à feu très doux avec un fond d'eau pour que cela n'attache pas. Les pommes doivent être fondantes, mais se tenir encore, sans s'écraser.

5 En fin de cuisson, ajoutez la crème au jus de cuisson et mélangez pour obtenir une sauce.

C'EST PRÊT !

ASTUCE

Vous pouvez essayer avec d'autres épices de votre choix (du cumin, par exemple). Servez avec du boulgour.

PRÉPARATION
5 min

CUISSON
15 min

AVIS

“ Très sympa ! J'ai forcé sur les oignons et les épices, et plutôt que de l'eau ou de la crème, j'ai mis de la sauce soja. ”
Ninesse

Spaghettis au pesto de courgettes

RECETTE PROPOSÉE
PAR Miriam54

Très facile
€ Moyen

4 PERSONNES

- 400 g de spaghettis
- 2 courgettes jeunes
- 40 g de pignons de pin
- 10 feuilles de basilic frais
- 3 c. à soupe de parmesan râpé
- Huile d'olive, vierge extra si possible

1 Faites cuire les pâtes dans une casserole d'eau bouillante salée.

2 Coupez les courgettes en petits dés. Effeuillez le basilic.

3 Mixez les courgettes avec les pignons, le basilic, le parmesan et l'huile ; ajoutez celle-ci au fur et à mesure jusqu'à obtenir une émulsion bien lisse. Si le mélange est trop dense, ajoutez un peu d'eau de cuisson des pâtes.

4 Égouttez les pâtes et servez immédiatement avec le pesto de courgette.

C'EST PRÊT !

ASTUCE

On peut ajouter au pesto une toute petite gousse d'ail, si on aime, et précuire les courgettes à la vapeur ou à l'eau avant de les mixer.

PRÉPARATION
10 min

CUISSON
10 min

AVIS

“ C'était très bon, pas besoin de faire cuire les courgettes. On peut ajouter des tomates cerises coupées en deux, pour la touche de couleur. ”

rose_16626849

Poêlée de champignons aux herbes

RECETTE PROPOSÉE
PAR nolletines

Très facile
€ Moyen

4 PERSONNES

- 1 kg de champignons de Paris
- 4 oignons
- 1 gousse d'ail
- 1 c. à café de cumin en poudre
- 2 pincées de noix de muscade en poudre
- 1 bouquet d'herbes fraîches (persil plat, ciboulette...)
- 3 ou 4 c. à soupe d'huile d'olive

1 Pelez et hachez finement les oignons. Émincez les champignons s'ils sont frais, sinon égouttez-les.

2 Chauffez l'huile dans une grande poêle antiadhésive, puis faites légèrement dorer les oignons à feu vif.

3 Ajoutez les champignons, l'ail pressé, le cumin, la muscade, du sel et du poivre. Baissez le feu et laissez mijoter environ 5 min.

4 Parsemez d'herbes ciselées 1 ou 2 min avant la fin de cuisson et servez chaud.

C'EST PRÊT !

ASTUCE

Cet accompagnement se marie aussi bien avec du poisson que de la viande rouge.

PRÉPARATION
10 min

CUISSON
10 min

AVIS

“ Excellente recette, très facile à faire ! Accompagnée d'un steak, c'est délicieux. ”

eva_16573551

Stir fry végétarien

RECETTE PROPOSÉE
PAR rachel_263

Facile
€ Moyen

2 PERSONNES

- 10 fleurettes de chou-fleur
- 100 g de pois gourmands
- 2 poivrons (1 rouge + 1 jaune)
- 2 carottes
- 1 chou pak-choï
- 1 petit piment frais
- 1 oignon
- Huile de tournesol

POUR LA SAUCE :

- Le jus d'1/2 citron
- 3 ou 4 c. à soupe de sauce soja
- 3 cm de gingembre frais
- 1 c. à café de miel
- 1/2 c. à café d'huile de tournesol
- 1/2 c. à café d'huile de sésame

1 Pelez les carottes. Coupez-les en fines rondelles. Lavez les fleurettes de chou-fleur et les pois gourmands. Coupez le pak-choï, les poivrons et l'oignon en lanières. Hachez le piment. Pressez le demi-citron.

2 Dans une grande poêle ou un wok, faites frire le piment quelques secondes dans 2 c. à soupe d'huile de tournesol bien chaude.

3 Ajoutez les carottes. Faites-les sauter 2 à 3 min. Ajoutez le chou-fleur et laissez cuire encore 2 min. Ajoutez l'oignon et faites-le blondir 1 min.

4 Ajoutez le pak-choï, les pois gourmands et les poivrons. Une fois les légumes cuits, mais encore croquants, ôtez du feu.

5 Préparez la sauce en mélangeant tous les ingrédients. Versez-la sur les légumes. Servez chaud avec des nouilles chinoises ou du riz.

ASTUCE

Pour rester croquants, les légumes ne doivent pas cuire trop longtemps : coupez-les finement et de taille équivalente.

PRÉPARATION
10 min

CUISSON
10 min

AVIS

“ J'ai remplacé le piment par de la pâte de curry rouge. ”
Alexanville

Poêlée de pois gourmands à l'ail

RECETTE PROPOSÉE
PAR Virginie_4826

Facile
€ Moyen

4 PERSONNES

- 300 g de pois gourmands
- 2 tomates
- 2 gousses d'ail
- 2 échalotes
- 1 cube de bouillon de volaille
- Noix de muscade râpée
- Thym
- 1 filet d'huile d'olive
- Sel et poivre

PRÉPARATION
20 min

CUISSON
15 min

1 Délayez le cube de bouillon dans 1 verre d'eau. Lavez les pois gourmands et faites-les revenir à la poêle dans un peu d'huile.

2 Lorsqu'ils commencent à dorer légèrement, ajoutez le bouillon de volaille. Couvrez.

3 Épluchez et émincez l'ail et les échalotes. Lavez et coupez les tomates en cubes. Lorsqu'il n'y a plus d'eau, ajoutez l'ail et les échalotes, et faites revenir quelques minutes avant de mettre les tomates.

4 Assaisonnez avec un peu de noix de muscade, du thym. Salez et poivrez.

C'EST PRÊT !

AVIS

« Plat super, inutile de mettre beaucoup d'huile. J'ai accompagné ces pois de saumon en papillote, sauce citron-moutarde. »
Valami

Poireaux à la grecque

1 Lavez et émincez les blancs de poireau.

2 Pressez le demi-citron et prélevez-en le zeste.

3 Faites chauffer l'huile dans une sauteuse et placez-y les blancs de poireau, le jus et le zeste de citron, les graines de cumin et de coriandre. Salez et poivrez.

4 Faites cuire 10 à 15 min à feu très doux. Servez tiède ou frais.

C'EST PRÊT !

RECETTE PROPOSÉE PAR Isa89

Très facile
€ Bon marché

4 PERSONNES

- 4 blancs de poireau
- 1 citron non traité
- 10 graines de cumin
- 12 graines de coriandre
- 2 c. à soupe d'huile d'olive
- Sel et poivre

AVIS

« J'ai ajouté un mélange d'épices chinoises, tout le monde a adoré. »
Marchouze

PRÉPARATION
10 min

CUISSON
15 min

ASTUCE

Ajoutez un peu d'eau au début de la cuisson des poireaux pour qu'ils soient bien fondants.

Lentilles à la marocaine

RECETTE PROPOSÉE
PAR isabelle_2509

Très facile
€ Bon marché

4 PERSONNES

- 300 g de lentilles cuites
- 3 à 6 tomates bien mûres (selon leur taille)
- 2 gousses d'ail
- 1 échalote
- 1 oignon
- 10 brins de persil
- 10 brins de coriandre
- 1/2 c. à café de ras-el-hanout
- 1/2 c. à café de gingembre
- 1/2 c. à café de paprika
- 1 c. à café de cumin
- 2 c. à soupe d'huile d'olive
- Sel et poivre

1 Pelez les tomates, puis coupez-les en petits morceaux. Lavez et ciselez le persil et la coriandre.

2 Pelez l'ail, l'échalote et l'oignon. Mixez-les de façon à obtenir une pâte.

3 Faites revenir cette pâte dans une sauteuse, avec l'huile. Ajoutez les tomates, les herbes et les épices, et faites revenir le tout.

4 Ajoutez les lentilles, salez, poivrez. Mélangez et réchauffez 5 min à feu doux.

C'EST PRÊT !

PRÉPARATION
20 min

CUISSON
15 min

AVIS

“ Super recette. J'ai mis les épices au feeling, et ça a marché. Je conseille de mettre la coriandre fraîche après cuisson, et du jus de citron pour encore plus de goût. ”
Boubouaniche

Légumes d'hiver rôtis au four

RECETTE PROPOSÉE
PAR Claire_Marmiton

Facile
€ Bon marché

4 PERSONNES

- 4 carottes de toutes les couleurs
- 300 g de courge (potiron, potimarron...)
- 4 pommes de terre
- 6 navets
- 1 oignon rouge
- 2 betteraves rouges crues
- 1 citron
- 1 tête d'ail coupée (facultatif)
- 3 c. à soupe d'huile d'olive
- 1 c. à café d'épices au choix : piment, curcuma, curry en poudre...
- Sel et poivre

1 Pelez les légumes, lavez-les, puis détaillez-les en morceaux. Laissez les carottes entières ou coupez-les en deux selon leur taille.

2 Préchauffez le four à 200 °C (th. 7).

3 Disposez les légumes sur une plaque à four recouverte de papier cuisson.

4 Arrosez d'huile d'olive, parsemez de sel, de poivre et d'épices. Mélangez pour bien répartir l'assaisonnement.

5 Enfournez pour 35 min.

C'EST PRÊT !

ASTUCE
Vous pouvez aussi ajouter 1/2 boule de céleri, des rutabagas ou des panais.

PRÉPARATION
15 min

CUISSON
35 min

AVIS

“ Vraiment bon. Le résultat est beau, avec toutes les couleurs de légumes ! J'ai mis du thym car pas de romarin, mais les senteurs de la Provence sont là. ”

Corsica

Mijoté de légumes au cumin

RECETTE PROPOSÉE
PAR lucie_909

Facile
€ Bon marché

4 PERSONNES

- 3 carottes
- 5 tomates
- 1 courgette pas trop grosse
- 1 poivron jaune
- 1 c. à café de cumin en poudre
- 3 c. à soupe d'huile d'olive
- 2 c. à café de persil ciselé
- 2 c. à café de basilic ciselé
- Sel et poivre

1 Pelez la courgette une bande sur deux. Épépinez le poivron. Pelez les carottes et les tomates. Coupez tous les légumes en petits cubes.

2 Faites chauffer l'huile dans une cocotte et faites-y revenir les légumes (sauf les tomates) sur feu moyen pendant environ 10 min.

3 Ajoutez les tomates, un filet d'eau, le persil, le basilic et le cumin. Salez et poivrez. Mélangez délicatement et laissez mijoter 20 min à couvert, en remuant de temps en temps.

C'EST PRÊT !

ASTUCE
Vous pouvez servir cet accompagnement avec du riz ou de la semoule.

PRÉPARATION
15 min

CUISSON
30 min

AVIS

“ Recette parfaite, et pourtant, je n'ai utilisé que des légumes surgelés, donc déjà coupés. Rapide et excellent. ”
Sebsavoie

On ne pouvait pas faire un top light sans eux !
On a sélectionné les versions les plus légères
de vos douceurs préférées et mis en lumière
les fruits qui contiennent naturellement du sucre
et permettent de ne pas en ajouter dans les recettes.
On ne va pas se priver de dessert
s'il est léger à souhait n'est-ce pas ?

Les desserts et petits déjs

La gourmandise sans se priver !

Ananas fraîcheur, gingembre et citron vert

RECETTE PROPOSÉE
PAR Camila_17421095

Facile
€ Bon marché

6-8 PERSONNES

- 1 ananas sweet (doux)
- 3 c. à soupe de sucre de canne roux
- 2 à 3 cm de gingembre frais
- 20 feuilles de menthe
- 1 citron vert

1 Pelez et râpez le gingembre. Dans un bol, mélangez-le avec la menthe émincée et le jus du citron vert. Réservez au frais.

2 Coupez le plumet de l'ananas, puis pelez-le et découpez-le en rondelles.

3 Badigeonnez le fond d'un plat à gratin de la moitié de la sauce parfumée réservée. Saupoudrez de la moitié du sucre.

4 Disposez les tranches d'ananas dans le fond du plat, puis recouvrez-les du reste de la sauce. Saupoudrez du reste de sucre.

5 Filmez et laissez infuser au réfrigérateur pendant 2 à 3 h.

6 Servez frais ou passez-le quelques minutes à la plancha ou sous le gril du four.

C'EST PRÊT !

PRÉPARATION
20 min

REPOS
2 à 3 h

Rouleaux de printemps aux fruits

RECETTE PROPOSÉE
PAR Marmiton

Moyen
€ Moyen

10 rouleaux

- 10 feuilles de riz
- 1 mangue
- 2 kiwis
- 250 g de fraises
- 125 g de framboises
- 100 g de compote d'abricot non sucrée
- Menthe

1 Lavez les fraises et coupez-les en quatre. Épluchez la mangue et les kiwis. Coupez-les en morceaux.

2 Faites ramollir les feuilles de riz dans de l'eau froide, puis déposez-les sur un torchon humide.

3 Déposez des morceaux de fruits en bas et au centre de chaque feuille de riz.

4 Versez 1 c. à soupe de compote sur les fruits et ajoutez quelques feuilles de menthe.

5 Commencez à rouler la feuille de riz, puis rabattez les côtés et continuez à rouler la feuille pour former un rouleau.

C'EST PRÊT !

ASTUCE
Si la compote est un peu liquide, faites-la réduire à la casserole. Vous pouvez aussi la remplacer par de la confiture à faible teneur en sucres ajoutés.

PRÉPARATION
25 min

AVIS

“ Vous pouvez ajouter un peu du riz spécial risotto, type carnaroli ou arborio, cuit pendant 18 min. ”

Estelle54

Mousses express aux fruits rouges

RECETTE PROPOSÉE
PAR elena_16393756

Très facile
€ Moyen

4 PERSONNES

- **250 g de fruits rouges (myrtilles, fraises, framboises, groseilles...)**
- **2 blancs d'œufs**
- **50 g de sucre**
- **5 cl de crème fraîche légère**
- **1 pincée de sel**

1 Réservez quelques fruits pour la décoration.

2 Écrasez les fruits à la fourchette ou mixez-les en purée (passez les groseilles au tamis pour en ôter les pépins).

3 Montez les blancs d'œufs en neige bien ferme avec la pincée de sel. Ajoutez le sucre en continuant de fouetter.

4 Battez la crème, puis incorporez-la aux blancs. Terminez par la purée de fruits. Battez bien.

5 Répartissez dans des verrines et réservez au frais jusqu'au moment de servir.

C'EST PRÊT !

ASTUCE
Allégez encore la recette en remplaçant une partie de la crème par des petits-suisses, du fromage blanc ou du yaourt à la grecque.

PRÉPARATION
10 min

AVIS

“ Cette recette est vraiment excellente, surtout en été !
C'est frais et léger. ”

Lenangell

Mini-glaces express aux fruits

Facile
Bon marché

6 glaces

- 6 petits-suisses nature
- Fruits rouges frais (framboises, mûres, myrtilles...)
- 1 c. à soupe de miel

1. Dans un saladier, mélangez les petits-suisses et le miel.
2. Conservez les pots des petits-suisses et lavez-les, ils serviront de moules pour les glaces.
3. Déposez des morceaux de fruits au fond de chaque pot. Recouvrez de petit-suisse, placez un bâtonnet en bois au milieu. Déposez quelques fruits entiers à la surface.
4. Réservez au moins 2 h au congélateur.

C'EST PRÊT !

PRÉPARATION
15 min

REPOS
2 h

AVIS

« Simple et très goûteux ! J'ai remplacé le miel par du lait concentré sucré et ajouté 2 c. à soupe de crème. J'ai placé dans des moules à cake individuels. Un délice ! »

pattymass01

Verrines kiwi-pomme au fromage blanc

RECETTE PROPOSÉE
PAR elena_13709170

Très facile
€ Bon marché

2 PERSONNES

- **2 kiwis**
- **1/2 pomme**
- **200 g de fromage blanc**
- **100 g de compote de pommes**

1 Épluchez les kiwis et coupez-les en dés. Répartissez-les dans des verrines.

2 À l'aide d'une poche à douille (si vous n'en avez pas, prenez un sac congélation, et coupez l'un des angles), répartissez la moitié du fromage blanc dans les verrines.

3 Faites de même avec la compote, puis remettez une couche de fromage blanc.

4 Détaillez la pomme en fines lamelles et décorez-en les verrines.

C'EST PRÊT !

ASTUCE
Cette petite recette est facile à préparer, pas chère et très légère… De quoi vous donner l'envie d'en refaire !

PRÉPARATION
15 min

AVIS

“ Dessert très bon et rapide à faire, idéalement la veille car il sera plus frais pour le lendemain. Vous pouvez remplacer les kiwis par des fraises ou des framboises. ”
Colmic

Salade épicée de fruits exotiques

RECETTE PROPOSÉE
PAR Marielle

Facile
€ Moyen

4 PERSONNES

- 1 mangue
- 1 papaye
- 1 ananas Victoria
- 1 gousse de cardamome verte
- 1 gousse de vanille
- 1 petit verre de rhum blanc
- 1 c. à soupe de miel ou de sirop d'agave
- Poivre au citron

1 Épluchez les fruits. Enlevez les noyaux, graines, trognons… et découpez-les en dés. Versez le tout dans un saladier avec le jus récupéré.

2 Ajoutez les graines de cardamome pilées, les graines de la gousse de vanille, 2 ou 3 tours de moulin à poivre au citron, le rhum et le miel.

3 Mélangez bien, recouvrez le saladier, et laissez reposer quelques heures au frais.

C'EST PRÊT !

ASTUCE
Si vous le pouvez, préparez cette salade la veille de sa dégustation. Ainsi, les fruits auront le temps de s'imprégner de tous les arômes et le jus sera plus abondant.

PRÉPARATION
15 min

REPOS
2-3 h

AVIS

“ Mariage d'épices très réussi ! N'ayant pas de poivre au citron, j'ai utilisé du poivre fraîchement moulu et ajouté quelques zestes. ”
MTVie

Panna cottas light aux fruits rouges

RECETTE PROPOSÉE
PAR Misspimprenelle

Facile
€ Bon marché

6 PERSONNES

- **35 cl de lait écrémé**
- **35 cl de crème allégé 5 %**
- **5 feuilles de gélatine**
- **Des fruits rouges frais ou surgelés (cassis, cerises, framboises...)**
- **4 c. à café de fructose ou édulcorants (vérifier le pouvoir sucrant)**
- **1 à 2 c. à café d'extrait de vanille (liquide ou poudre)**

1 Dans un bol, saupoudrez les fruits de la moitié du fructose et ajoutez 2 cuillerées d'eau. Faites chauffer 1 min au micro-ondes (500 W).

2 Plongez les feuilles de gélatine dans de l'eau froide pour les faire ramollir.

3 Sur feu moyen, portez à ébullition le mélange lait-crème. Ajoutez le reste du fructose et la vanille.

4 Incorporez une feuille de gélatine au mélange de fruits, puis versez celui-ci dans des verrines.

5 Hors du feu, intégrez les autres feuilles à la crème chaude. Versez-la ensuite délicatement sur les fruits (vous pouvez inverser et mettre les fruits au-dessus).

6 Laissez prendre les panna cottas au frais au moins 3 h pour une bonne fermeté.

C'EST PRÊT !

ASTUCE

Variez les fruits selon la saison ou remplacez-les par un coulis en ajoutant quelques dés de fruits sur le dessus pour décorer.

PRÉPARATION
10 min

CUISSON
5 min

AVIS

“ Très léger et bon ! J’ai remplacé la crème par la même quantité de lait concentré écrémé (qui donne beaucoup d’onctuosité), et la gélatine par de l’agar-agar. ”

mariezed

Salade d'oranges, cannelle et fleur d'oranger

RECETTE PROPOSÉE PAR Julia_16382445

Moyen
€ Bon marché

4 PERSONNES

- **1 kg d'oranges**
- **1 c. à soupe d'eau de fleur d'oranger**
- **Cannelle en poudre**

1 Pelez les oranges à vif, puis coupez-les en tranches assez fines (mais pas trop, sinon l'orange s'écrase).

2 Répartissez dans un plat un peu creux et versez l'eau de fleur d'oranger par-dessus. Saupoudrez de cannelle. Réservez au frais.

3 Servez décoré de quelques feuilles de menthe pour encore plus de fraîcheur.

C'EST PRÊT !

AVIS

« C'est frais et... délicieux ! Je presse 1 ou 2 oranges et j'y ajoute du miel et de la menthe. La qualité des oranges est importante : elles doivent être pleines de goût. »
anna_14373266

PRÉPARATION
20 min

ASTUCE

Dosez la cannelle avec prudence : sa saveur intense peut déplaire à certains. Ne confondez pas l'eau de fleur d'oranger avec l'arôme de fleur d'oranger, qui est un peu amer.

Gaspacho de fruits d'été

1 Pelez les pêches, dénoyautez-les et coupez-les en lamelles. Lavez et égrappez les groseilles. Lavez et équeutez les fraises. Réservez-en quelques-unes.

2 Mixez les fraises ainsi que la moitié des groseilles et des framboises avec le lait et le sucre glace. Réservez au frais.

3 Servez le gaspacho accompagné de lamelles de pêche, de quelques fraises, du reste des groseilles et des framboises.

C'EST PRÊT !

RECETTE PROPOSÉE PAR Alice_23

Très facile
€ Moyen

6 PERSONNES

- 2 pêches
- 150 g de groseilles
- 1 kg de fraises
- 500 g de framboises
- 15 cl de lait
- 80 g de sucre glace

AVIS

« J'ai ajouté des lamelles de mangue pour la déco, tout le monde a adoré. »
Marion_48

PRÉPARATION
20 min

Gâteau léger à la compote de fruits

RECETTE PROPOSÉE
PAR linitile

Facile
€ Bon marché

4 PERSONNES

- 120 g de compote de fruits sans sucre (si possible maison)
- 3 œufs
- 30 g de sucre
- 42 g de fécule de maïs
- 18 g de farine
- 4 g de levure chimique

1 Préchauffez le four à 165 °C (th. 5-6).

2 Séparez les blancs d'œufs des jaunes. Montez les blancs en neige en incorporant le sucre petit à petit.

3 Ajoutez les jaunes battus, puis la fécule mélangée avec la farine et la levure, en soulevant la pâte avec une spatule.

4 Versez dans un moule en forme de couronne et enfournez pour 30 min.

5 Coupez le gâteau en deux et étalez la compote sur la base, puis recouvrez avec la partie supérieure.

C'EST PRÊT !

ASTUCE

Pour combler les plus gourmands, décorez le gâteau de quelques lignes de chocolat fondu (choisissez-le de préférence à 72 % de cacao, il sera moins sucré).

PRÉPARATION
10 min

CUISSON
30 min

AVIS

“ Très bon ; j'ai mis un paquet de levure chimique entier, et du coup, mon gâteau est bien gonflé :) ! ”

adrien_14219564

Verrines fraîcheur à l'ananas

RECETTE PROPOSÉE
PAR sophie2388

Très facile
€ Bon marché

6 PERSONNES

- 1 ananas
- 900 g de fromage blanc
- 80 g de sucre

1 Épluchez et découpez l'ananas en morceaux. Mélangez le sucre au fromage blanc.

2 Montez vos verrines en alternant les couches de fromage blanc et d'ananas, 2 fois de suite.

C'EST PRÊT !

ASTUCE
Pour plus de gourmandise, versez par-dessus un peu de coulis de fruits et parsemez de noix de coco râpée.

PRÉPARATION
10 min

AVIS

“ Frais et léger ! J'ai divisé les quantités par deux (et j'ai mis seulement 60 g de sucre) : ça fait des verrines généreuses pour 5 personnes. Parents et enfants adorent ! ”

Pat_64

Salade pomme-grenade

RECETTE PROPOSÉE
PAR Nadine_259

Très facile
€ Moyen

4 PERSONNES

- **4 pommes golden**
- **1 grenade**
- **3 c. à soupe de sucre**
- **1 citron**
- **1 c. à café d'eau-de-vie (facultatif)**

1 Épluchez les pommes et coupez-les en petits dés. Égrainez la grenade. Mettez le tout dans un saladier.

2 Dans une casserole, faites fondre le sucre dans 40 cl d'eau, puis ajoutez du jus du citron et éventuellement l'eau-de-vie.

3 Versez sur les fruits. Réservez au frais 30 min avant de servir.

C'EST PRÊT !

ASTUCE
Vous pouvez ajouter d'autres fruits (fraises, ananas, kiwi...).

PRÉPARATION
20 min

REPOS
5 min

AVIS

“ Très bon. Je n'ai pas ajouté de citron dans le sirop car j'ai utilisé du limoncello en alcool. La pomme se marie bien à la grenade. ”

Berenice_8

Salade de fruits extra-rafraîchissante

RECETTE PROPOSÉE
PAR Severine_2069

Très facile
€ Moyen

6-8 PERSONNES

- 1 ananas
- 1 mangue
- 4 bananes
- 4 kiwis
- 3 pommes golden
- 2 oranges
- 500 g de fraises
- 15 cl de sirop de grenadine (facultatif)
- 1 bâton de cannelle
- 1 gousse de vanille
- 100 g de sucre en poudre

1 Épluchez l'ananas et coupez-le en tranches. Débarrassez-les de leur cœur et coupez-les en six.

2 Épluchez la mangue, les bananes, les kiwis, les pommes et les oranges, puis découpez-les en morceaux. Lavez les fraises et coupez-les en deux.

3 Placez tous les fruits dans un grand saladier.

4 Dans un pichet, mélangez le sucre avec le sirop de grenadine et 1 l d'eau. Ajoutez le bâton de cannelle et la gousse de vanille, puis versez sur les fruits. Mélangez puis laissez reposer au moins 2 h au frais.

C'EST PRÊT !

ASTUCE

Pour une présentation originale, présentez votre salade de fruits dans une pastèque, un melon ou encore deux moitiés d'ananas.

PRÉPARATION
15 min

REPOS
2 h

AVIS

“ Je remplace l'eau par du jus d'orange frais et le sucre par de la cassonade. Excellent ! ”
Baouette

Gâteaux légers fromage blanc-framboises

Facile
€ Moyen

4 PERSONNES

- 250 g de fromage blanc maigre et égoutté
- 300 g de framboises
- 75 g de sucre en poudre
- 25 g de farine
- 1/2 citron
- 2 blancs d'œufs
- 1 orange
- 2 c. à soupe de sucre glace

1 Préchauffez le four à 200 °C (th. 6-7).

2 Mélangez le fromage blanc, la farine, le sucre et le zeste du citron. Ajoutez 1/3 des framboises.

3 Battez les blancs d'œufs en neige ferme, puis incorporez-les délicatement au mélange précédent.

4 Garnissez 4 ramequins de papier sulfurisé et versez-y la pâte. Enfournez pour 40 à 45 min.

5 Pendant ce temps, préparez un coulis : mélangez le reste de framboises, les jus du citron et de l'orange et le sucre glace. Faites chauffer quelques instants.

6 Démoulez les gâteaux dans des coupelles et versez le coulis dessus. Servez tiède ou froid.

C'EST PRÊT !

VARIANTE

Vous pouvez remplacer les framboises par des fraises et l'orange par 2 à 3 clémentines.

PRÉPARATION
20 min

CUISSON
45 min

AVIS

“ Très bon et léger. La cuisson au four fonctionne effectivement très bien. Pensez à tamiser le coulis de framboise... ”

elias_14723494

Mini-cocottes pomme-poire

RECETTE PROPOSÉE
PAR emma_17074418

Facile
€ Bon marché

6 PERSONNES

- 2 poires
- 2 pommes canada
- 2 jaunes d'œufs
- 300 g de fromage blanc
- 4 c. à café de cannelle en poudre
- 10 g de sucre (ou 1 filet de sirop d'agave)
- 1 sachet de sucre vanillé

1 Préchauffez le four à 180 °C (th. 6).

2 Pelez les fruits et coupez-les en quartiers très fins. Disposez-les dans des mini-cocottes, en alternant la pomme et la poire.

3 Battez les jaunes d'œufs avec le fromage blanc, la cannelle et les sucres. Versez sur les fruits.

4 Enfournez pour environ 12 min.

C'EST PRÊT !

PRÉPARATION
10 min

CUISSON
12 min

AVIS

“ C'est très bon ! J'ai un peu modifié les proportions de fromage blanc : j'ai mis 360 g pour pouvoir recouvrir correctement mes petites cocottes. ”

anna_17297237

Mousse au cacao très light

RECETTE PROPOSÉE
PAR Sandy

Très facile
€ Bon marché

1 PERSONNE

- 1 ou 2 c. à café de cacao pur
- 1 blanc d'œuf
- 1 à 2 c. à café de fructose
- Cannelle ou cardamome

1 Montez le blanc d'œuf en neige avec le cacao et le fructose dosés selon votre goût.

2 Ajoutez l'épice et placez au congélateur pour 10 min avant de déguster.

C'EST PRÊT !

ASTUCE
Décorez de morceaux de fruits de saison et de quelques feuilles de menthe fraîche ciselées.

PRÉPARATION
5 min

CONGÉLATION
10 min

AVIS

“ J'ai remplacé le fructose par 1 c. à café de sucre avec 1,5 c. à café de cacao, et ajouté 1 c. à soupe de fromage blanc. La mousse était légère et onctueuse. ”

asticot

Mousses au café aux petits-suisses

RECETTE PROPOSÉE
PAR Annette et maman

Facile
€ Bon marché

6 PERSONNES

- 6 petits-suisses
- 1 c. à soupe d'extrait de café
- 4 blancs d'œufs
- 125 g de sucre semoule
- Grains de café en sucre

1 Battez les blancs d'œufs en neige très ferme.

2 Faites bien égoutter les petits-suisses puis écrasez-les à la fourchette avec le sucre.

3 Incorporez délicatement les blancs en neige. Terminez en ajoutant l'extrait de café.

4 Répartissez la mousse dans 6 ramequins et placez-les au réfrigérateur plusieurs heures.

5 Décorez de grains de café en sucre et servez très frais.

C'EST PRÊT !

ASTUCE
Placez les mousses au congélateur pendant 3 heures pour obtenir une glace légère.

PRÉPARATION
10 min

REPOS
Quelques heures

AVIS

“ Recette très facile, rapide et succès garanti ! J’avais mis de l’extrait de vanille à la place du café. Mais j’essaierai avec du café aussi. ”

lina_16619270

Salade épicée fraises et mangue

Très facile

€ Bon marché

4 PERSONNES

- 500 g de fraises
- 1 mangue
- 1 orange
- 1 pincée de poivre
- 1 pincée de gingembre en poudre
- 1 pincée de cannelle
- 1 pincée de vanille en poudre
- Quelques feuilles de menthe

PRÉPARATION
20 min

REPOS
30 min

CUISSON
1 min

1 Pressez l'orange. Dans une casserole, faites chauffer son jus en y ajoutant le poivre, le gingembre, la cannelle et la vanille.

2 Portez à ébullition 1 min pour obtenir un sirop, puis laissez refroidir.

3 Pendant ce temps, préparez les fruits : coupez les fraises en deux, la mangue en cubes. Placez-les dans un saladier.

4 Ciselez la menthe et ajoutez-la aux fruits.

5 Quand le sirop est froid, versez-le sur les fruits. Mélangez et placez au moins 30 min au réfrigérateur.

C'EST PRÊT !

AVIS

« Ce dessert est excellent ! En y ajoutant quelques litchis, c'est un vrai délice. »

Gilles_2

Mangue au jus d'agrumes épicé

1 Ouvrez les capsules de cardamome. Fendez la gousse de vanille. Pilez les baies roses et les graines de coriandre.

2 Pressez les agrumes. Faites doucement chauffer leur jus dans une petite casserole. Ajoutez le miel et mélangez pour le dissoudre.

3 Ajoutez la menthe ciselée et les épices. Portez doucement à ébullition, puis laissez bouillir quelques minutes. Éteignez le feu et laissez infuser au moins 15 min.

4 Pelez puis détaillez la chair de la mangue en dés ; placez-les dans un saladier.

5 Filtrez le jus d'agrumes au chinois et versez-le sur les dés de mangue. Laissez mariner au frais au moins 2 h avant de servir.

C'EST PRÊT !

RECETTE PROPOSÉE PAR Anne_158

Facile

€ Moyen

2 PERSONNES

- 1 mangue + 1 pamplemousse + 1 citron vert + 1 orange
- 1 c. à soupe de miel liquide
- Épices : 3 capsules de cardamome, 5 baies roses, 1 bâton de cannelle, 4 graines de coriandre, 4 graines d'anis, 1/2 c. à café de gingembre moulu, 1/2 de gousse de vanille, 1 étoile de badiane
- Quelques feuilles de menthe

PRÉPARATION
25 min

CUISSON
1 h 15

ASTUCE

Si vous n'avez pas de chinois, mettez les épices dans une gaze avant de les plonger dans le jus d'agrumes.

Carrot cake rapide

RECETTE PROPOSÉE
PAR Catherine1608

Facile
€ Bon marché

4 PERSONNES

- 200 g de carottes
- 6 noix ou 2 c. à soupe de graines de lin
- 2 œufs
- 50 g de sucre roux
- 90 g de farine
- 1 c. à soupe d'huile
- 1/2 paquet de levure chimique
- 3 pincées de cannelle (ou autres épices selon votre goût)

1 Préchauffez le four à 180 °C (th. 6).

2 Râpez les carottes finement. Concassez les noix (ou réduisez-les en poudre, selon votre goût).

3 Mélangez les œufs avec le sucre roux. Incorporez la farine, les noix, les carottes, l'huile, la levure et la cannelle.

4 Versez la pâte dans un moule à cake tapissé de papier sulfurisé.

5 Enfournez pour 30 à 35 min.

C'EST PRÊT !

ASTUCE

Vous pouvez remplacer 1 des œufs par 1 c. à café de graines de chia broyées, préalablement gonflées dans 3 c. à soupe d'eau à température ambiante. Comptez 15 min pour obtenir le mucilage gélifié qui remplacera l'œuf.

PRÉPARATION
10 min

CUISSON
30 min

AVIS

“ Très pratique après avoir préparé un jus de carotte via un extracteur de jus ; il suffit alors de récupérer la pulpe et de la mettre dans la pâte. ”

strawberryrain

Gâteau choco-courgette sans beurre ni sucre

RECETTE PROPOSÉE
PAR adrien_16999988

Très facile
€ Bon marché

6 PERSONNES

- **200 g de chocolat noir**
- **180 g de courgettes**
- **3 œufs**
- **60 g de miel**
- **100 g de farine**
- **1 sachet de levure chimique**

1 Coupez les courgettes en morceaux et faites-les cuire 12 min dans de l'eau bouillante. Égouttez et mixez.

2 Préchauffez le four à 180 °C (th. 6).

3 Faites fondre le chocolat puis incorporez les courgettes.

4 Mélangez les œufs et le miel. Incorporez le mélange chocolat/courgettes, puis la farine et la levure.

5 Versez dans un moule à gâteau tapissé de papier sulfurisé. Enfournez pour 30 min.

C'EST PRÊT !

ASTUCE
Variez les sucres ou mélangez-les avec le miel : sucre de coco, sirop d'agave...

PRÉPARATION
10 min

CUISSON
45 min

AVIS

" Excellent, pas du tout le goût de la courgette, très moelleux et pas sec du tout. "

Liline69300

Clafoutis vapeur aux cerises

RECETTE PROPOSÉE
PAR paul_14381882

Facile
€ Moyen

4 PERSONNES

- **400 g de cerises**
- **200 g de fromage blanc**
- **2 œufs**
- **2 c. à soupe de sucre de canne**
- **2 c. à soupe de fécule de maïs**
- **Beurre**

1 Séparez les blancs des jaunes d'œufs. Dans un saladier, mélangez les jaunes, le fromage blanc, le sucre et la fécule.

2 Montez les blancs en neige et ajoutez-les délicatement au mélange précédent.

3 Répartissez les cerises dans des ramequins très légèrement beurrés et versez la pâte par-dessus.

4 Placez les ramequins dans le panier d'un cuit-vapeur et faites cuire 30 min.

C'EST PRÊT !

ASTUCE
Les cerises étant assez caloriques, remplacez-les par un autre fruit de saison pour un dessert encore plus léger.

PRÉPARATION
10 min

CUISSON
30 min

AVIS

“ Un délice, on a vraiment le goût du clafoutis. J'ai utilisé du fromage blanc 0 % et j'ai ajouté un peu de sucre roux. J'ai fermé les ramequins avec du film alimentaire. ”
celinefrisette

Cheesecake léger à la brousse

RECETTE PROPOSÉE
PAR lise_15739565

Moyen
€ Bon marché

6 PERSONNES

- 1 rouleau de pâte sablée
- 400 g de brousse de brebis
- 3 œufs
- 2 citrons
- 4 c. à soupe de fructose
- 1 sachet de sucre vanillé
- 1 c. à soupe de farine
- Sel

1 Préchauffez le four à 160 °C (th. 5).

2 Garnissez de pâte un moule à tarte et faites-la cuire 10 min à blanc.

3 Préparez l'appareil : fouettez les jaunes d'œufs avec le fructose et le sucre vanillé. Ajoutez la brousse. Fouettez pour rendre le tout bien lisse.

4 Incorporez le jus des citrons, puis la farine.

5 Sortez la pâte du four et laissez-la refroidir un peu.

6 Pendant ce temps, montez les blancs d'œufs en neige ferme avec 1 pincée de sel. Incorporez-les délicatement à l'appareil et versez le tout sur la pâte.

7 Enfournez pour 40 min de plus, jusqu'à ce que le cheesecake soit légèrement coloré, mais encore assez pâle. Placez au réfrigérateur et dégustez bien frais.

C'EST PRÊT !

PRÉPARATION
10 min

CUISSON
50 min

AVIS

" Pour une pâte plus légère, j'ai mélangé 250 g de biscuits diététiques émiettés aux écorces d'orange et 125 g de beurre allégé fondu. Tapissez le fond du moule en tassant bien. "

Celine_5512

Gâteau aux pommes sans sucre

RECETTE PROPOSÉE PAR Noiraude56

Facile
€ Bon marché

6 PERSONNES

- 3 pommes
- 1 banane
- 100 g de compote
- 1 pot yaourt grec
- 1,5 pot de farine
- 1 c. à café de levure chimique
- 1 œuf
- 30 g de beurre (facultatif)

1 Préchauffez le four à 180 °C (th. 6).

2 Dans une assiette creuse, écrasez la banane à la fourchette. Ajoutez la compote, le yaourt et l'œuf. Mélangez bien.

3 Dans un saladier, mélangez la farine et la levure. Ajoutez la préparation à la banane et fouettez jusqu'à l'obtention d'un ensemble homogène.

4 Beurrez un plat de 20 cm de diamètre et versez-y la pâte.

5 Épluchez les pommes et découpez-les en fines tranches. Déposez-les sur la pâte.

6 Coupez le beurre en copeaux et éparpillez-les sur le gâteau. Enfournez pour 30 min.

C'EST PRÊT !

ASTUCE
Vous pouvez ajouter une pointe de cannelle ou de quatre-épices à la pâte.

PRÉPARATION
15 min

CUISSON
30 min

AVIS

❝ Très bon ! Pas besoin de sucre, les fruits suffisent. Cela ressemble à une tarte avec une pâte moelleuse. ❞

Famille_Tortue

Pudding chia aux fruits rouges

Facile
€ Moyen
4 PERSONNES

- 80 cl de lait d'amande
- 150 g de fruits rouges
- 8 c. à soupe de graines de chia
- 2 c. à soupe de miel
- 2 c. à soupe d'extrait de vanille liquide
- 4 pincées de cannelle
- 2 c. à soupe de flocons d'avoine (facultatif)

1. Versez le lait d'amande sur les graines de chia. Ajoutez la vanille, le miel et la cannelle. Mélangez bien.
2. Laissez gonfler au moins 30 min au frais (idéalement toute une nuit)
3. Versez le pudding dans un verre ou un bol. Ajoutez les fruits rouges et quelques flocons d'avoine juste avant de servir.

C'EST PRÊT !

ASTUCE
Le lait d'amande ayant un goût sucré, le miel n'est pas indispensable. Vous pouvez aussi le remplacer par du sirop d'agave, dont l'index glycémique est plus bas.

PRÉPARATION
10 min

REPOS
30 min

AVIS

“ Très bonne recette. Pour une texture plus onctueuse, on peut ajouter 100 g de fromage blanc. ”

hlne_del

Smoothie bowl mangue-kiwi

Très facile
€ Moyen

1 bol

- 1,5 mangue
- 1 kiwi
- 1 yaourt nature
- 1 c. à soupe de copeaux de noix de coco
- 2 c. à soupe de graines de chia

1 Coupez la mangue en cubes et le kiwi en rondelles.

2 Dans le bol d'un mixeur, versez le yaourt et ajoutez l'équivalent d'une mangue. Mixez. Versez la préparation dans un bol.

3 Décorez avec les rondelles de kiwi et les cubes de mangue restants. Saupoudrez des copeaux de noix de coco et des graines de chia.

C'EST PRÊT !

ASTUCE
Adaptez cette recette selon la saison, par exemple avec des fruits rouges !

PRÉPARATION
15 min

Smoothie bowl framboises-cassis

RECETTE PROPOSÉE
PAR Marmiton

Très facile
€ Moyen

1 PERSONNE

- 1 banane
- 60 g de framboises
- 1 poignée de cassis (ou de myrtilles)
- 1 yaourt au soja
- 5 cl de lait de soja
- 1 c. à soupe de miel ou de sirop d'agave (facultatif)

1 Coupez la banane en morceaux, en réservant 5 ou 6 rondelles fines. Réservez quelques framboises.

2 Dans un blender, placez les autres framboises, les morceaux de banane, le yaourt, le lait de soja et éventuellement le miel. Mixez le tout.

3 Versez dans un bol. Sur le dessus, disposez joliment les cassis, les rondelles de banane et les framboises réservées. Dégustez.

C'EST PRÊT !

ASTUCE

Vous pouvez remplacer les cassis par des myrtilles.

PRÉPARATION
5 min

Granola de Fanny

RECETTE PROPOSÉE
PAR emmy_16549257

Facile
€ Moyen

1 pot

- 250 g de flocons d'avoine
- 40 g de noix de coco râpée ou en copeaux
- 1 poignée de fruits secs (au choix noix du Brésil, amandes, noix, noisettes...)
- 5 cl d'eau
- 6 c. à soupe de miel liquide
- 3 c. à café d'huile de coco
- Gousse de vanille en moulin (à volonté)

1. Sortez la plaque du four et préchauffez le four à 150 °C (th. 5).
2. Mettez les fruits secs dans un petit sac à congélation et écrasez-les légèrement avec un rouleau à pâtisserie. Placez-les avec les flocons d'avoine dans un saladier.
3. Dans une casserole, faites fondre l'huile de coco avec l'eau, le miel et la vanille. Versez ce sirop sur les flocons d'avoine, mélangez et laissez gonfler quelques minutes.
4. Couvrez la plaque du four de papier cuisson et étalez-y la préparation. Enfournez à mi-hauteur pour 20 min.
5. Lorsque tous les flocons ont pris une couleur dorée (au bout de 5 min environ), sortez-les du four et répartissez-les de nouveau sur la plaque pour qu'ils cuisent de façon homogène. Renouvelez l'opération une fois avant la fin de la cuisson.
6. Laissez-le refroidir, puis conservez-le dans un bocal en verre ou une boîte en fer.

ASTUCE

Remplacez le miel par du sirop d'agave, à l'index glycémique plus bas.

PRÉPARATION
10 min

CUISSON
20 min

AVIS

“ Un vrai délice ! J'ai ajouté des abricots et des cranberries séchés, et c'est au top ! ”

cooklaa

Nice cream banane-framboise

RECETTE PROPOSÉE
PAR Marmiton

Très facile
€ Bon marché

1 PERSONNE

- 2 bananes
- 200 g de framboises surgelées
- 100 g de framboises fraîches
- 2 c. à soupe de lait d'amande
- 1 c. à soupe de muesli

1 Coupez les bananes en rondelles et étalez-les sur une plaque recouverte de papier cuisson. Laissez une nuit au congélateur.

2 Au blender, mixez les morceaux de banane congelés avec les framboises surgelées et le lait d'amande.

3 Versez dans un bol et ajoutez des framboises fraîches sur le dessus, un peu de muesli et de la noix de coco râpée.

C'EST PRÊT !

ASTUCE
Pour une nice cream minute, veillez à toujours avoir des bananes en rondelles au congélateur.

PRÉPARATION
10 min

REPOS
12 h

AVIS

“ Généreux pour une personne. À essayer pour 2 ou 3. ”

Josriv11

Smoothie à la mangue

RECETTE PROPOSÉE
PAR romy_13974783

Très facile
€ Bon marché

2 grands verres

- **50 cl de lait (ou 375 g de yaourt grec)**
- **1 mangue**

1 Épluchez la mangue et coupez-la en morceaux.

2 Mixez-la avec le lait ou le yaourt jusqu'à obtenir la consistance désirée. Vous pouvez laisser de petits dés de mangue non mixés.

C'EST PRÊT !

ASTUCE

Remplacez le lait par un lait végétal à la texture onctueuse et au goût naturellement un peu sucré. Vous pouvez également utiliser de la mangue surgelée pour gagner du temps.

PRÉPARATION
10 min

AVIS

❝ Tellement bon, j'en raffole ! Mettez-le un peu au frigo, il sera frais, c'est encore meilleur. ❞

emma_14411069

Frozen yogurt express

RECETTE PROPOSÉE
PAR lily_15064262

Très facile
€ Bon marché

1 PERSONNE

- 1 yaourt brassé à la framboise (ou fraise ou fruits rouges)
- 1 bonne poignée de framboises surgelées
- 1 c. à café de sucre
- Lait froid

1 Placez le yaourt brassé au congélateur 1 h avant de préparer la recette.

2 Dans un pichet, versez le yaourt glacé, les framboises surgelées, le sucre et un peu de lait.

3 Mixez avec un mixeur plongeant. Ajoutez du lait au fur et à mesure jusqu'à la consistance souhaitée.

4 Versez dans un grand verre (ou deux petits) et dégustez.

C'EST PRÊT !

ASTUCE
Ajustez la consistance selon vos envies : avec un peu de lait, on obtient une glace à manger à la cuillère. Avec davantage de lait, on peut faire une glace à boire.

PRÉPARATION
5 min

Smoothie bicolore aux morceaux de fruits

RECETTE PROPOSÉE
PAR Marmiton

Très facile
€ Bon marché

2 PERSONNES

- 1 kiwi
- 1 ananas
- 1 banane
- 1 nectarine
- 100 g de framboises
- 100 g de myrtilles

1 Épluchez le kiwi et coupez-le en fines rondelles.

2 Pelez et coupez l'ananas et la banane en morceaux. Mixez-les dans un blender avec des glaçons.

3 Rincez le blender, puis mixez la nectarine, les framboises et les myrtilles avec des glaçons.

4 Dans des verres, versez le premier jus jusqu'à mi-hauteur. Plaquez des rondelles de kiwi sur le pourtour intérieur des verres, puis complétez avec le second jus. Servez bien frais.

C'EST PRÊT !

PRÉPARATION
10 min

AVIS

“ Parfait en fin de journée à la fraîche ! Et plein de vitamines ! Je le bois pour remplacer mon repas du soir. ”

Muriel_Ravaille

Smoothie vert kiwi, épinard, banane

RECETTE PROPOSÉE PAR Miniris

Très facile
€ Moyen

2 PERSONNES

- **1 ou 2 kiwis**
- **1 banane**
- **2 grosses poignées de pousses d'épinards**
- **1 à 3 cm de gingembre frais**
- **5 ou 6 feuilles de basilic**
- **20 cl de lait d'amande**

1 Lavez le basilic et les pousses d'épinards.

2 Épluchez les fruits et le gingembre. Coupez-les en morceaux et mettez-les dans un blender.

3 Mixez une première fois. Ajoutez le basilic et mixez de nouveau.

4 Ajoutez les pousses d'épinards et le lait d'amande. Mixez le tout et dégustez !

C'EST PRÊT !

AVIS

« J'ai utilisé un mélange de pousses d'épinard et de roquette, c'était très bon. »
Meriam_37

PRÉPARATION
10 min

ASTUCE

Vous pouvez remplacer le lait d'amande par du lait de soja ou de riz.

Détox water concombre, gingembre, menthe

1 Pelez le concombre et coupez-le en fines rondelles. Déposez-les dans une grande carafe.

2 Coupez le citron en fines tranches (sans le peler) et ajoutez-les dans la carafe. Ajoutez le gingembre et les feuilles de menthe.

3 Versez 2 l d'eau et laissez reposer 1 ou 2 h au frais.

C'EST PRÊT !

RECETTE PROPOSÉE PAR jmdpb

Très facile
€ Bon marché

2 LITRES

- 1 concombre
- 1 c. à café de gingembre frais râpé
- 12 feuilles de menthe
- 1 citron non traité

AVIS
« Génial, très rafraîchissante ! »
Plazane

PRÉPARATION
5 min

REPOS
1 h

ASTUCE
Buvez cette boisson légère et désaltérante tout au long de la journée.

Jus de citron au gingembre

RECETTE PROPOSÉE PAR eva_14499046

Très facile
Bon marché

1 LITRE

- 2 citrons
- 4 c. à café de gingembre frais râpé

1 Pressez les citrons et versez leur jus dans une carafe.

2 Ajoutez le gingembre et 1 l d'eau.

3 Laissez infuser une demi-journée au frais.

C'EST PRÊT !

ASTUCE

Cette boisson est très rafraîchissante et vivifiante. Vous pouvez la sucrer légèrement si l'acidité vous semble trop forte, ajouter du gingembre ou le remplacer par de la cardamome.

PRÉPARATION
5 min

AVIS

“ Frais et sain ! J'ai mis un citron entier coupé en quartiers dans la carafe et une poignée de menthe poivrée froissée. Demain, j'essaie avec du citron vert. ”

margot_16465735

Voici 6 recettes indispensables :
1 pâte à pizza, 1 condiment, 2 sauces et 2 dips
pour agrémenter votre quotidien avec goût et légèreté.
Parce que la pizza reste indispensable aux soirées
télé, que vos pâtes méritent des sauces
et qu'on ne laisse pas passer une semaine
sans un petit apéro ! ;)

Les basiques

malins et légers

Pâte à pizza légère et rapide

RECETTE PROPOSÉE
PAR Sarah_16854103

Facile
€ Bon marché

1 PÂTE (diam. 26 cm)

- 300 g de farine
- 125 g pot fromage blanc à 0 % (ou 1 yaourt)
- 1/2 c. à café de sel
- 1 sachet de levure chimique
- 10 ml d'eau

PRÉPARATION
10 min

CUISSON
20 min

1 Dans un saladier, mélangez la farine, le sel et la levure.

2 Ajoutez le fromage blanc et malaxez pour obtenir un sable grossier.

3 Incorporez progressivement l'eau froide jusqu'à ce que vous obteniez une boule homogène et qui ne colle pas.

C'EST PRÊT !
La pâte n'a pas besoin de reposer, vous pouvez l'étaler immédiatement.

AVIS

« Je n'avais pas de fromage blanc mais deux yaourts nature, c'était super bon !!! La pâte était épaisse, moelleuse et délicieuse... Avis aux gourmands ! »
Marinette_5162

ASTUCE

Vous pouvez utiliser une farine semi-complète et ajouter de l'origan et un filet d'huile d'olive pour donner une saveur plus prononcée à la pâte.

Gomasio (condiment de sésame)

1 Faites griller les graines de sésame à sec jusqu'à ce qu'elles se mettent à sauter dans la poêle.

2 Mixez le sésame et le gros sel dans un petit mixeur ou un moulin à café par quelques impulsions, suffisamment pour moudre grossièrement, mais pas trop pour ne pas faire une pâte.

3 Le gomasio se conserve dans un pot de verre ou de terre, et se met sur la table.

C'EST PRÊT !

RECETTE PROPOSÉE PAR Alibibi

Facile
€ Bon marché

1 POT

- **90 g de graines de sésame**
- **10 g de gros sel de Guérande**

AVIS

« Lu, testé et approuvé. À la place du sel dans ma sauce à salade (vinaigrette) : fantastique. Et si facile à faire ! J'ai entendu qu'on pouvait en préparer aussi avec des graines de tournesol : à essayer ! »
bernersgang

PRÉPARATION
10 min

CUISSON
5 min

Sauce légère au fromage de chèvre

RECETTE PROPOSÉE
PAR Roxane_15301166r

Très facile
€ Bon marché

4 PERSONNES

- 2 yaourts nature
- 80 g de fromage de chèvre frais
- Épices et/ou herbes de votre choix
- Sel et poivre

1 Écrasez le fromage de chèvre avec le yaourt nature jusqu'à obtention d'un mélange homogène.

2 Salez, poivrez et assaisonnez avec les herbes et les épices.

C'EST PRÊT !

AVIS

« J'ai réalisé cette sauce en version chaude avec une pointe de curry pour napper un plat de pâtes. Simple et bon ! »
Sofia_16090041

PRÉPARATION
25 min

REPOS
30 min

CUISSON
30 min

ASTUCE

À déguster avec une salade de tomates et de concombres afin d'en relever le goût. C'est frais et très léger. Et l'apport en calcium de cette sauce n'est pas négligeable !

Sauce légère aux légumes pour pâtes

1 Râpez la courgette et coupez les tomates en dés.

2 Mettez-les dans une casserole avec un peu de sel et les herbes de Provence (ou le basilic frais ciselé).

3 Au bout d'environ 5 min, jetez l'eau rendue par les légumes, et poursuivez la cuisson jusqu'à ce que ces derniers soient tendres.

4 Ajoutez les deux yaourts le Tabasco®. Poursuivez la cuisson quelques minutes en remuant bien. Servez bien chaud sur les pâtes.

C'EST PRÊT !

RECETTE PROPOSÉE PAR auteur

Facile
€ Bon marché

4 PERSONNES

- 1 courgette
- 4 tomates bien mûres
- 2 yaourts type bulgares
- 1 goutte de Tabasco®
- Herbes de Provence (ou basilic frais en saison)
- Sel et poivre

AVIS

« C'est très facile, diététique et plein de saveurs. Exactement ce que je cherchais pour un repas rapide ! »
Agathe_16170435

ASTUCE

Adaptez cette sauce en ajoutant d'autres légumes selon la saison et vos envies : oignons (à faire blondir avant), aubergines ou poivrons coupés en petits dés...

PRÉPARATION
25 min

REPOS
30 min

CUISSON
30 min

Sauce diet pour dip moutarde-estragon

RECETTE PROPOSÉE
PAR robin_17187156

Très facile
€ Bon marché

4 PERSONNES

- 4 petits-suisses à 20 % de M.G.
- 1 jaune d'œuf (facultatif)
- 1 c. à soupe de moutarde aux condiments
- 1 c. à soupe de vinaigre de cidre
- 1 c. à café d'estragon ciselé frais ou surgelé
- 2 c. à soupe de ciboulette
- Sel et poivre

PRÉPARATION
5 min

1 Mélangez le jaune d'œuf avec la moutarde, le vinaigre et les petits-suisses.

2 Ajoutez les herbes, salez et poivrez.

C'EST PRÊT !

ASTUCE

Ajoutez 1 à 2 échalotes finement hachées.

Dip léger tomates séchées-basilic

1 Dans un blender, mixez tous les ingrédients. Laissez reposer 2 h au frais.

2 Servez en accompagnement de légumes crus (carotte, concombre, chou-fleur...).

C'EST PRÊT !

RECETTE PROPOSÉE PAR noor_15088098

Très facile
€ Bon marché

4 PERSONNES

- 2 petits-suisses
- 4 tomates séchées
- 1/2 gousse d'ail
- 1 c. à soupe de jus de citron
- 1 c. à café de moutarde à l'ancienne
- 1 c. à café d'huile d'olive
- 1 pincée de muscade
- Ciboulette et basilic

AVIS

« Je n'ai pas mis de moutarde ni de ciboulette. N'ayant pas de petits-suisses, j'ai utilisé du fromage blanc 0 %. C'est très bon et sympa avec des petits légumes pour l'apéritif. »
stephanie_5162

ASTUCE

Si vous aimez les saveurs un peu relevées, ajoutez quelques gouttes de Tabasco®.

PRÉPARATION
5 min

REPOS
2 h

Annexes

Index thématique des recettes

Index alphabétique des recettes

T

V • W

CRÉDITS PHOTOGRAPHIQUES

© Marmiton/Manina Hatzimichali : 16, 32, 38, 42, 44, 70, 74, 78, 80, 82, 98, 106, 130, 142, 144, 152, 154, 156, 176, 186, 200, 208, 238, 260, 278, 286, 298, 312, 340.

© Marmiton/Ophélie Lequesne : 158.

© Play Bac/Atelier Chez Elles : 10, 12, 14, 18, 20, 22, 24, 30, 34, 36, 40, 48, 52, 66, 68, 84, 86, 88, 94, 96, 102, 116, 118, 122, 124, 138, 148, 150, 160, 166, 168, 170, 174, 178, 180, 182, 188, 190, 192, 196, 202, 212, 216, 218, 220, 222, 228, 242, 246, 264, 268, 280, 284, 292, 294, 300, 302, 304, 308, 326, 328, 330, 336, 344, 346, 350, 354, 356, 358, 360, 362, 366, 368, 374, 378.

© Play Bac/Émilie Montuclard :114, 230.

© Play Bac/Manina Hatzimichali : 50, 58, 60, 104, 140, 194, 214, 226, 234, 248, 316, 342, 372.

© Shutterstock : AlenaKogotkova, 120. © Anna Mente, 8. © Anna_Pustynnikova, 76, 306. © Antonina Vlasova, 288. © BBA Photography, 252. © Ekaterina Kondratova, 132, 34. © Elena Mayne, 206. © Elena Trukhina, 28, 172. © Elena Veselova, 62. © Foxys Forest Manufacture, 108. © hlphoto, 232. © Irina Rostokina, 276. © Katarzyna Hurova, 332. © Kiian Oksana, 146, 254. © Liliya Kandrashevich, 258. © lphonsine Sabine, 322. © Lunov Mykola, 244. © Magdanatka, 376. © MaraZe, 314, 324. © minadezhda, 112. © nadianb, 348. © Natalia Lisovskaya, 128. © Nataliya Arzamasova, 274. © Oksana Mizina, 256. © olepeshkina, 90. © photosarahjackson, 64. © photosimysia, 338. © Rimma Bondarenko, 382. © Robyn Mackenzie, 266. © Roserunn, 320. © Sokor Space, 26. © Svitlana Slobodianiuk, 290. © Vlasovalana, 370. © White bear studio, 364. © Yuliya Gontar, 204. © zarzamora, 162.

Merci à tous les membres de l'équipe Marmiton et à l'ensemble des Marmitons qui, pour notre plus grand bonheur, apportent chaque jour leur pierre à l'édifice de transmission que constitue Marmiton.

NOUS TENONS ÉGALEMENT À REMERCIER POUR LEUR CONTRIBUTION À CET OUVRAGE
Clotilde Bouthors, Jean-Louis Broust, Marine Coulombeau, Nicolas Legoll, Karine Marigliano, Marjorie Seger, Emmanuelle Serrero-Després, Alice Vandromme, Nathalie Zaverio.

CONCEPTION ET RÉALISATION ÉDITORIALE : Agnès Busière et Julie Mège
MISE EN PAGES : Émilie Laudrin
COUVERTURE : Shutterstock © Jacek Chabraszewski
PHOTOGRAVURE : Studio 4C

14 bis, rue des Minimes — 75003 Paris
www.playbac.fr
IBSN : 978-2-809-67003-5
Dépôt légal : mars 2020
Imprimé en République Tchèque par Finidr

MIXTE
Papier issu de sources responsables
FSC® C014138